AF458207

L'EMPIRE C'EST LA PAIX.

L'EMPIRE

C'EST LA PAIX

PAR

J.-A. VAILLANT,

Fondateur du collége de Bucarest et de l'école gratuite des filles, professeur de littérature à l'école nationale de Saint-Sava.

Pour rendre la paix non-seulement facile, mais durable, il faut rendre la guerre non-seulement difficile, mais impossible.

NARAD.

MONTMARTRE. — IMPRIMERIE PILLOY,

Boulevard Pigale, 50.

1856.

D'où vient, quand personne n'en veut, que la guerre se fait? Pourquoi, quand chacun la désire, la paix ne se fait-elle pas? Comment la guerre doit-elle finir? A quelle condition la paix peut-elle durer? C'est à quoi répond ce livre.

I

Les guerres de la République et de l'Empire, en passant sur la féodalité allemande, fondent sur ses débris la confédération du Rhin, et font ainsi éclore en Allemagne les germes de son unité. Mais lorsque, par les traités de 1815, la Sainte-Alliance croit avoir mis pour jamais un frein à l'impétuosité philosophique de la démocratie française, l'esprit féodal, réfugié en Autriche, se hâte d'en sortir pour s'efforcer de reconquérir sur l'Allemagne son autorité séculaire. Il n'est pas encore aux frontières que déjà il s'est rencontré avec l'esprit fédératif qui, retiré en Prusse, a fait surgir de la confédération du Rhin la confédération germanique, dont l'Autriche elle-même fait partie.

De ce moment surtout deux puissances, l'Autriche et la Prusse, se disputent la suprématie de l'Allemagne, toujours morcelée par les abus féodaux, toujours pressée du besoin de les détruire.

Pour les conserver, vague et confus souvenir

du saint empire, dont elle n'a plus que les insignes emblématiques et se considérant toujours suzeraine et de droit divin, l'Autriche s'appuie sur les intérêts des familles souveraines et flatte l'amour-propre du peuple en lui offrant une Allemagne jusque par-delà ses frontières, une Allemagne hongroise, une Allemagne bohême, une Allemagne slave, une Allemagne lombarde, une Allemagne roumaine, une Allemagne qui s'étende de la mer du Nord à l'Adriatique, et de la l'altique à la mer Noire, Allemagne idéale qui n'en est pas une, folle Allemagne dont le rêve n'est pas moins absurde que l'utopie du monde gréco-slave.

Pour détruire ces abus féodaux, la Prusse, née elle-même des débris de la féodalité du saint empire, et ne considérant plus guère d'autre aristocratie que celle du mérite, d'autre noblesse que celle de l'intelligence et du cœur, du travail et du talent, s'appuie sur les sentiments patriotiques et les intérêts nationaux en faisant comprendre au peuple que l'Allemagne ne lui peut être une patrie réelle qu'autant qu'elle sera grande par la fédération et homogène dans son unité.

C'est ainsi qu'en voulant s'étendre sur l'Allemagne, la Prusse joue, aux yeux de la féodalité, le rôle égoïste et révolutionnaire de l'ambition, tandis que l'Autriche, en voulant étendre l'Allemagne, joue, aux yeux du peuple, le rôle libéral et désintéressé du conservateur. Cependant, l'extension de la Prusse en Allemagne est aussi salutaire à l'Allemagne que lui est funeste l'extension que lui veut donner l'Autriche. En effet, plus la Prusse s'étend, plus l'Allemagne s'unit, car elle ne s'étend qu'en Allemagne, et son unité est homogène ; plus au contraire l'Autriche s'étend, plus l'Allemagne se dilate et plus aussi elle tend à ressembler à l'Autriche, à devenir comme elle un corps dont aucun des membres n'est de nature analogue, un ensemble de parties incohérentes aussi bizarre, aussi disparate que la Russie même.

Si l'esprit allemand, pénétré de la différence de but de ces deux tendances, avait su se tenir en garde contre les embûches tendues à son amour-propre, s'il avait pu sentir ce qu'il y aurait d'imprudence et de danger pour l'Allemagne à vouloir s'étendre au sud et au delà de ses limites, s'il avait voulu s'avouer franchement qu'elle doit s'arrêter où s'arrête son droit : à l'est, là où sur le Rhin commence son origine ; au nord, là où sur la Baltique finit sa langue, nous ne craignons pas de le dire, la Prusse, aidée de la France, eût déjà, depuis longtemps, triomphé de l'Autriche, et, au-dessus de ces deux puissances, ne planerait pas dans l'ombre la suprématie des tczars, suprématie que le cabinet de Saint-Pétersbourg obtient en soutenant, d'un côté, l'action féodale de l'Autriche contre l'esprit fédéral de la Prusse, et, de l'autre, la velléité révolutionnaire du roi de Prusse contre la suzeraincté végétative de l'empereur d'Autriche; c'est cette suprématie qui, tenant ainsi en respect la fédération et la féodalité, mène l'Europe comme un aveugle, sans savoir où elle va. C'est en vain, qu'en 1816, Sand en a fait justice sur la personne de Kotzbue, l'intérêt féodal des souverains allemands ne rougit pas d'en faire une nécessité, et la froideur du gouvernement prussien pour les intérêts fédéraux fait son triomphe.

En effet, c'est à l'aide de cette politique que, forts du concours des souverains allemands, dont ils font leurs vassaux, et peu soucieux de ce que pourraient dire et faire l'Angleterre et la France, les tczars ont pu venir à bout de faire participer la Prusse et l'Autriche aux divers démembrements et au partage définitif de la Pologne, inviter l'Autriche, en 1772, au partage des derniers débris de la Roumanie, consentir à la cession illégale qui leur fut faite de la Bucovinie en 1775; c'est à l'aide de cette politique que, pesant également au nord sur la Suède, au sud sur la Turkie, en les couvrant toutes deux de son protectorat, ils enlèvent la Finlande à l'une et la Bessarabie à l'autre, avec l'arrière-pensée de faire un jour, de la Baltique, un lac russe, comme de la mer Noire. C'est à l'aide de cette politique, qu'après avoir couvé dans leur sein l'hétairie grecque, ils lui fournissent ses généraux et ses diplomates; c'est à l'aide de cette politique qu'ils occupent jusqu'à sept fois, et pendant vingt-deux ans en moins d'un siècle, les Principautés moldovalaques, dont ils se font une étape sur Constantinople; c'est à l'aide de cette politique que, en 1831, ils réduisent les Polonais catholiques à la condition de ces rayas orthodoxes de Turkie, dont ils affectent de plaindre l'infortune; qu'en 1846 ils effacent de l'Europe la république nominale de Cracovie; que, passant le Pruth en 1848, ils imposent à la Turkie le traité de Balta-Liman et à la Valaquie l'embryon hospodaral qu'ils ont fait éclore de ce traité, et que, franchissant les Carpathes en 1849, ils soumettent les Hongrois et obligent l'Autriche à la reconnaissance; c'est à l'aide de cette politique que, depuis près d'un siècle, ils fomentent en Orient toutes ces insurrections slaves de Servie, de Bosnie, de Croatie, de Monténégro et de Bulgarie, qui leur en facilitent la conquête, alors qu'ils en préparent la servitude; c'est à l'aide de cette politique qu'ils menacent l'Autriche elle-même de l'espoir dont ils leurent les Slaves du sud de les faire revivre de la vie des nations, et que, prenant au sérieux leur titre de grand-maître de l'ordre éteint de Malte, et visant à la papauté orientale, ils prétendent au protectorat de leurs coreligionnaires, sujets du sultan, jalousent la France dans ses intérêts en Orient, déclarent la guerre à la Turkie et récusent toute ingérence de l'Europe dans leurs démêlés et dans leurs traités avec elle.

Si la diplomatie était ce qu'elle doit être, la science des diplômes qu'échangent entre elles les nations et qui, réglant leurs rapports, constituent leurs droits et établissent leur politique, cette guerre qui se fait ne se ferait pas, car il y a longtemps que le but qu'elle se propose serait atteint; car elle se fût faite à chaque violation de droit, et les iniquités de ces violations ne se fussent jamais consommées. Mais abandonnée comme un privilége aux mains de gens qui trouvent plus facile de substituer l'astuce à l'adresse, la ruse à l'habileté, le subterfuge à la droiture et le palliatif au remède, elle est devenue, sous leur garde, ce que devient la jurisprudence sous la plaidoirie des sophistes, ce que devient la médecine sous la pratique des charlatans, une science fausse et une panacée empirique. C'est pour lui avoir conservé le caractère déloyal que, depuis près d'un siècle, lui ont imprimé les cabinets de Vienne et de Saint-Pétersbourg, que le célèbre

Talleyrand l'a diffamée devant le peuple, au point qu'il se garda bien de nommer un diplomate à la Constituante issue de 1848, tout homme de cette carrière n'étant pour lui, disons le mot, qu'un jongleur. Peut-être n'avait-il pas tort; et assurément MM. Thiers et Guizot vivaient encore assez pour lui donner raison; car il faut le reconnaître, s'il est, chez nous, beaucoup de diplomates connaissant les tours, détours et retours de la carrière, il en est peu qui en aient étudié le terrain, approfondi la nature, considéré les accidents, mesuré les limites. D'ailleurs, ces officiers de la paix possèdent trop généralement les arts et les sciences qu'elle engendre et développe, pour posséder également la science et l'art qui la créent et la maintiennent. Cela vient de ce que, à l'inverse de toute profession, la diplomatie n'exige pas de connaissances spéciales; de ce que, tandis que tout diplomate devrait posséder la connaissance du droit des gens, par l'histoire des faits et des mœurs, des tendances et des aspirations, des diplômes et des traités, des hommes et des choses des nations, il ne leur est guère demandé que la connaissance de l'étiquette, des allures et des manières de cour, que la science de l'almanach de Gotha, que la connaissance à peu près inutile et plus ou moins superficielle du droit français; cela vient de ce que, entrés dans la carrière sans rien connaître de la science ardue de leur état, ils préfèrent généralement s'en distraire par l'étude d'une toute autre spécialité que celle de leur emploi. C'est ainsi que nous en avons connu d'experts en musique, d'habiles en peinture, de très-fleuris en littérature, de très-érudits en histoire, de très-savants en archéologie, de très-doctes en philologie, de très-versés en autographie, mais peu riches de la science dont ils portent le nom.

Il en résulte qu'au lieu d'avoir à son service des hommes capables à la fois de renseigner et de donner avis, d'instruire et d'apporter conseil, comme devraient l'être des notaires internationaux, le ministère n'emploie généralement ou que des hommes de peu de consistance, frivoles comme des gens du monde, versatiles comme des poëtes, passionnés comme des avocats, ou que des hommes d'une aptitude entièrement opposée, brusques comme des soldats, bourrus comme des matelots, naïfs et confiants comme des gens de guerre.

Disons-le toutefois, la diplomatie est aussi parfaitement innocente de la fausse idée que les diplomates en ont inculquée au peuple que l'est la philosophie de celle que lui en ont insinuée les philosophes; et la fâcheuse réputation qu'ils se sont faite dans son opinion provient moins de leur faute que de celle du ministère de l'instruction publique, qui n'a encore su enfanter ni ministres d'Etat, ni agents ministériels, dépourvu qu'il a été si longtemps de l'enseignement qui les peut faire.

Dans cet état de choses, ignorant de la diplomatie qui leur indiquerait leur politique naturelle, et pourtant obligés d'en avoir une, chaque ministre se crée la sienne à sa guise et lui imprime un tel cachet de personnalité et une direction tellement systématique, tellement doctrinaire, que plus il s'avance, plus il s'égare. On conçoit sans peine la préférence de chacun pour cette politique personnelle qui, sans exiger une étude approfondie des devoirs et des droits réciproques des gouvernements, des tendances et des aspirations des peuples, des hommes et des choses des nations, a du moins l'avantage égoïste de rehausser en chacun les qualités fines et subtiles dont il est doué, de lui donner, pour quelque temps du moins, toute l'originalité du génie, de tailler pour ses contemporains son buste dans le marbre et de faire, sinon sa gloire, du moins sa fortune ; mais garde au gouvernement, garde à la nation dont le ministre fait de sa politique la leur ! politique présomptueuse, qui ne veut rien savoir de ce qui se pense et dit, de ce qui se fait et se passe au dehors ; politique étroite et mesquine, pour laquelle une famille pèse plus qu'un peuple, une dynastie plus que la France, l'intérêt plus que l'honneur. Honteuse politique de *faits accomplis*, lâchement sanctionnés par le silence, perfide politique de désaveu envers ses agents, lâche politique d'abandon envers ses citoyens ; désavouant les uns par peur de la lumière, abandonnant les autres par lâcheté d'action ; niant l'authenticité de toute propagande révolutionnaire de la Russie en Orient, et y désavouant toute propagande philosophique des principes de la France ; trouvant raisonnable d'indemniser M. Pritchard, à qui l'Angleterre sait faire rendre justice, et absurde de faire rendre justice à son citoyen, dont l'influence russe a violé les droits ; faisant plus de cas d'un hospodar d'aventure sorti de l'entente cordiale de madame de Lieven et de M. Guizot, que des vingt-cinq ans de service de son propre agent, rappetissant tout à sa taille, les choses et les hommes, les lieux et les faits, prenant le Tczar pour César, Shtirbéiu pour un bey, et Vaillant pour un lâche ; confondant le Danube avec le Don, Akerman avec Astrakam, l'Euxin avec la Caspienne, Bucarest avec Bocara, et n'osant pas s'avouer que la Moldovalaquie, vassale du sultan, n'est pas encore une province russe.

Politique illogique jusqu'à l'absurdité, qui, pour garantir l'intégrité de l'empire ottoman, soutient le pacha d'Egypte contre le sultan et impose au suzerain la nécessité de se reconnaître un vassal là où son droit est de ne voir qu'un lieutenant; politique d'autant plus funeste que chaque changement de ministre apportant au ministère un nouveau système, une nouvelle doctrine, sans une lumière de plus, elle laisse le vaisseau de l'État courir à la dérive et pousse l'équipage à s'élever contre le capitaine; si bien que, dans la crainte du naufrage, le peuple, éternel passager, jette à la mer le capitaine et l'équipage, et s'empare de la barre du gouvernail pour empêcher le vaisseau de sombrer. C'est ce que l'on appelle une révolution; ce qui ne signifie ni anarchie, ni chaos, ni râle, ni agonie, mais revirement des esprits et des affaires vers une voie nouvelle, retour des hommes et des choses dans la voie du progrès. Quoi qu'il en soit, les coupables en accusent le peuple; le peuple en voue les coupables au mépris; c'est à ce honteux supplice que la politique de M. Guizot l'a mené, malgré nous. Peut-être reconnaît-il aujourd'hui l'iniquité des persécutions dont nous avons été victimes de la part de la Russie, peut-être ne prend-il plus Bucarest pour Bocara, peut-être convient-il que la Valaquie est vassale de la Porte, peut-être admet-il que nous avions le droit de ne pas reconnaître au tczar celui de nous y imposer silence; dans tous les cas, il doit sentir tout ce qu'il y a d'indigne pour le ministre d'une nation telle que la France, de ne pas peser tout homme de notre valeur au même poids et dans la même balance que les souverains.

Il faut donc en convenir, si la conduite de M. de Talleyrand, sacrifiant Napoléon, non pas à la France, mais à ses intérêts légitimistes, en était plus qu'il ne fallait pour dégoûter le peuple de la diplomatie et lui faire prendre en dédain les diplomates, celle de M. Guizot, sacrifiant à ses intérêts plus que la France, son honneur, était peu capable de le faire revenir envers les diplomates et la diplomatie à des sentiments de déférence et d'estime.

Cependant, si ce peuple, dont l'appréciation est souvent si juste, et qui sait aussi bien honorer ce qui est droit et loyal qu'il sait flétrir ce qui est faux et félon, si ce peuple, disons-nous, croyait à la droiture et à la loyauté d'un diplomate que nous eussions pu lui montrer du doigt, en eût fait son homme et l'eût envoyé à la Constituante, non, la guerre qui se fait ne se ferait pas ; car elle se serait faite alors ; la demande impétueuse de Barbès, au lieu de le faire jeter à Vincennes par les imbéciles de son parti, présentée avec convenance et motivée par des faits sans nombre, eût obtenu pour réponse une déclaration de guerre à la Russie; et les armées de la France ayant reçu l'ordre de marcher contre la barbarie, les fatales journées de juin n'eussent pas eu lieu, la guerre civile eût été étouffée par la guerre nationale, et, celle-ci finie avant que celle qui se fait n'ait été entreprise, les peuples eussent commencé dès lors à jouir des bienfaits que leur laisse espérer la paix dont ils ont tant besoin.

Mais il n'en a pas été ainsi, parce que, la forme du gouvernement changée, la politique étant restée la même, ce gouvernement devait aller là où le menait cette politique, à sa perte. C'est là, en effet, que sera toujours conduit quiconque, étroit dans ses vues, égoïste dans ses interêts, éclectique dans sa doctrine, passionné dans ses sentiments, maladroit dans ses déférences, partial dans sa justice, infatué de sa valeur personnelle, méconnaissant des services rendus, faisant de la vie, de l'honneur et de la fortune des citoyens les monnaies de sa politique, oubliera la nation pour le roi, l'Europe pour la nation, ses principes pour ses sentiments, ses agents pour l'étiquette, ses citoyens pour son repos; c'est là, du moins, que son manifeste a conduit M. de Lamartine, soulevant les peuples de sa voix éloquente et leur retirant son bras débile sur lequel ils se croyaient fortement appuyés; adorant l'Italie comme son amante et laissant, dans Venise, le brave Manin capituler avec l'Autriche; chérissant comme ses enfants les Roumains, que peut-être lui avions-nous appris à aimer, et ne voyant pas, sur le Pruth, la Russie disposée à violer leur territoire; c'est là aussi que sa dictature a conduit M. de Cavaignac, abandonnant la Lombardie aux Croates, Charles-Albert à l'Autriche, les Hongrois aux Cosaques, et menant, pendant ce temps, dans nos rues, la guerre africaine, une guerre de sacripants; c'est là enfin que les a conduits l'aveuglement de tous ces hommes du *National* qui, dupes des vieux préjugés de haine soldatesque contre l'Angleterre et des modernes préjugés d'estime philosophique pour la Russie, raillaient, sous le roi Louis-Philippe, les premiers symptômes d'une alliance anglaise et allaient, sous la république, sourire, à Pétersbourg, au chef de la réaction européenne.

Cette politique étroite et personnelle se pouvait concevoir pendant les quinze années de la restauration. Des rois qui devaient tout aux rois, n'ayant pas à songer à la nation, à compter avec elle, n'avaient réellement qu'à penser à eux; mais si, sous un roi qui, comme Louis-Philippe, devait tout à la nation, elle était inexcusable, combien plus était-elle coupable sous un gouvernement républicain qui, avant même de l'organiser, avait convié l'Europe entière à son banquet de liberté.

En effet, les ministres de ce gouvernement

n'avaient-ils pas à eux les cartons officiels, où il leur était facile de puiser tous les renseignements sur ce qu'il leur importait tant de connaître? Et d'ailleurs, n'avaient-ils pas été renseignés, bon gré mal gré, par des renseignements officieux, aussi bien qu'ils pouvaient l'être sur les aspirations des peuples, sur les tendances des souverains, sur les jalousies de la Prusse et de l'Autriche, sur la suprématie de la Russie en Allemagne, sur la fatalité de son protectorat en Suède et en Moldovalaquie, sur ses convoitises en Orient, sur la complicité de l'Autriche dans ses envahissements, sur les sympathies de la Turkie pour la France, sur celles de la Grèce pour le tczar, sur l'intérêt de l'Angleterre à participer avec nous, dans les mesures de sa constitution, au grand œuvre de la palingénésie européenne. On eût dit, au contraire, tant on sentait leur besoin de connaître, tant on les en croyait désireux, que toute lumière n'avait été préalablement faite que pour eux, et que MM. Molé, Thiers et Guizot n'en avaient dédaigné l'usage que pour leur en laisser la gloire.

Parti de France, royaliste, pour visiter la Russie, le marquis de Custines y était rentré républicain. Il avait motivé, à leurs yeux, cette honorable conversion par un livre qui faisait encore d'autant plus de bruit qu'il se trouvait être la peinture la plus exacte de la vérité, le tableau le plus réel de ce qu'est réellement la Russie : un empire d'esclaves, un peuple enrégimenté par le knout, une noblesse de Verrès, une cour de soldats, une étiquette de caserne, une diplomatie bysantine, une civilisation factice, une orthodoxie bouddhiste, et pour pape ou lama, un tczar allemand, tranchant d'un kan de Tartarie, de Gengis ou de Timur, implacable ennemi de l'ordre dans la liberté et, à ce titre, haïssant souverainement la France.

A cette époque, M. Thiers avait donné, en sinécure, au marquis de Châteaugiron, l'agence générale des Principautés du Danube, et ce vieillard caduc avait dû se résigner, malgré nous, à faiblir devant les intrigues moscovites et à relever son pavillon, sans se trop soucier de la réparation qui lui était due. Mais, de retour en France, Félix Colson, son secrétaire, jeune homme de cœur ardent et de haute intelligence, dévoile au pays les funestes effets du protectorat du tczar; revendique contre lui les droits des Moldovaques, expose leurs griefs, fait valoir leurs traités, et, par son livre sur les cabinets du Nord, montre le faible de la sainte Russie et fait toucher du doigt le défaut de sa cuirasse. Nous-même, par notre histoire de la Roumanie, nous leur avions apporté, à ces futurs fondateurs d'une république qu'ils ont perdue, toutes les lumières qu'un séjour de douze années nous avait procurées sur cette magnifique contrée d'entre la Theiss, le Danube, le Dniester et la mer Noire. Dans notre profond regret d'avoir vu l'honneur et les intérêts de notre patrie bien-aimée livrés aux mains inhabiles d'hommes qui la menaient si mal, nous écrivions dans nos préliminaires ces lignes, ironique expression de notre douleur, dont ce qui se passe aujourd'hui prouve la justesse, et qui prennent des circonstances une couleur d'à-propos :

« Quel intérêt la France peut-elle avoir, à l'extrémité orientale de l'Europe, à six cents lieues de ses frontières, aux bords de la mer Noire, là où, il y a six cents ans, sans boussole, sans vapeur, sans rails, sans argent, sans centralisation, sans autre unité que la longue et grossière échelle féodale, maîtresse de Constantinople, elle combattit pendant cinquante ans pour l'empire du monde ; mais où, aujourd'hui, savante, industrieuse, active, riche, féconde en hommes et en courage, et, pour vingt peuples chrétiens, étoile de salut qu'ils suivraient religieusement comme des mages, non-seulement elle n'ose plus jeter dans la balance politique quelqu'une de ces lourdes épées de Brennus, de Charlemagne, de Montmorency, de Godefroy, de Raymond, de Condé, de Napoléon, mais parle bas, bas en baissant la tête, et craint de développer l'orgueil de son pavillon sur des eaux où Gênes, Venise, le pape lui-même envoyaient promener leurs galères; c'est qu'alors il y avait un Dieu ; que tout Français disait : Dieu et France! C'est qu'aujourd'hui, il n'est plus d'autre Dieu que l'or, et que pour chacun la France est *moi*; c'est que le titre de roi très-chrétien tombe et meurt comme celui de roi de Navarre. Titre glorieux cependant, le plus glorieux des titres, résumant en lui seul l'orthodoxie et le catholicisme, Luther et Calvin ; talisman puissant, magique, divin, auquel « obéiront, « un jour, tous les peuples de l'Evangile et du « Coran, quand, république très-chrétienne, la « France en saura faire usage. » Car, pour elle, être très-chrétienne, ce n'est être ni très-fidèle comme le Portugal, ni très-catholique comme l'Espagne, ni apostolique et romaine comme l'Autriche, ni très-protestante comme la Prusse et l'Angleterre, ni orthodoxe comme la Russie et la Grèce ; c'est être très-forte par la vertu, très-éclairée par la science, très-pure par la morale ; c'est faire son christianisme de ce qui, en toute religion, est vertu, science et morale ; c'est chercher le progrès par la science, la science par la vérité, la vérité par la philosophie ; c'est les propager par charité, en toute tolérance, et pour le bien-être ou le salut, et non pour la misère ou la mort du genre humain ; c'est s'élever trois fois au-dessus des papes, qui tiennent d'elle leur puissance ; c'est se montrer ainsi réellement ce qu'on le dit, ce qu'elle doit être : la grande nation.

« C'est pourquoi, plein de l'espoir de la voir atteindre bientôt au but que lui impose son titre et que lui cachent ceux qui la mènent, nous finissions, il y a dix ans, le deuxième volume de notre Roumaine, en nous écriant, avec un accent prophétique, qui fit rire alors ceux qu'il dépite aujourd'hui :

« Le temps viendra où la Suède tombant sur Saint-Pétersbourg, la Pologne sur Vilna, la Prusse sur Riga, la Turkie sur Tangarok, les Roumains pourront, eux aussi, tomber sur Kissenief et reprendre leur bien, la Bessarabie. Ce temps n'est loin que pour les hommes vulgaires, pour ces faibles diplomates qui ne savent qu'adorer la puissance du jour, pour ces maltôtiers de finances qui se prosternent devant le veau d'or, pour ces boutiquiers crétins qui, de leur mauvaise recette d'aujourd'hui, tirent un mauvais augure de l'avenir, pour ces sceptiques, qui n'ont pas même foi en eux-mêmes, pour ces aventuriers et ces industriels, qui n'aiment pas à courir après la fortune ; mais pour ces habiles politiques qui travaillent au bonheur des peuples, pour ces intelligents diplomates, princes de la science, dont le cœur abrite les nations, que les despotes étreignent sous leurs sceptres; pour ceux à qui Dieu parle par toutes ces voix, cet heureux temps approche : le sang français du successeur de Charles XII, aussi chaud que le sien, sera sans doute plus prévoyant; l'intelligence du petit-fils du Grand Frédéric se fatiguera bientôt de nous tenir en échec sur le Rhin, pour ne dominer que sur des provinces incohérentes. Déjà le jeune sultan Abdul-Medjid ne croit plus un mot de la prophétie d'Agathe Angel; les Slaves de Turkie se méfient déjà de l'orthodoxie russe; les Hellènes s'en sont séparés; les Roumains viennent de refuser l'union; les martyrs de l'ortodoxie latine appellent la justice du ciel; Iéhova, qui n'a abandonné les Juifs ni en Egypte ni au désert, ne les abandonnera pas non plus dans les steppes du tczar. Déjà les Circassiens se jettent sur ses armées, comme des aigles sur leur proie; la Pologne est une lionne à laquelle il a enlevé ses petits et qui rumine sa vengeance au poids de sa douleur; la Courlande, l'Ingrie, l'Estonie sont honteuses, devant l'Allemagne, de s'être laissées séduire; l'Ukraine et la Finlande rongent, en frémissant, le frein qui les dompte; déjà les Mojiks se font hommes; déjà les Phanariotes ont accompli en partie, sur cet empire de Satan, les vœux des Roumains, les peuples y sont toujours nomades, les soldats toujours serfs, les boïars toujours joueurs, les employés toujours concussionnaires, les caisses du trésor toujours vides. Enfin, s'il faut en croire aux voix mystérieuses qui nous viennent du ciel, cette dernière prière de la grande-duchesse, à son lit de mort : « Vous mettrez le « portrait de mon père dans ma tombe, » est l'arrêt de mort du despotisme. Oui, pour la sûreté de l'Occident et l'harmonie de l'Orient, l'empire russe doit crouler et se refondre. Oui, ce que la France et l'Angleterre ne veulent faire, la Prusse, la Suède et la Turkie le feront quand elles le voudront ; et tout les pousse à vouloir ; car il est de leur plus cher intérêt de rétablir l'équilibre que l'esprit de suprématie a rompu, de récupérer des droits que l'esprit de conquête a violés, de rentrer en possession de territoires que le protectorat moscovite s'est appropriés. »

Mais en vain nous efforçons-nous, avec MM. de Custines et Félix Colson, de réveiller par ces paroles éloquentes et de stimuler par ce généreux appel l'attention et les sympathies, l'énergie et l'action de nos diplomates, sans se préoccuper le moins du monde de la propagande panslaviste, utopie qui, à dix ans de là, doit cependant révolutionner l'Orient, le commerce allant mal, mais la bourse allant bien ; M. Thiers y trouvant son compte, Mme de Lieven le sien, et M. Guizot continuant, sous son influence, de tripoter les affaires comme par le passé, la France perd chaque jour le peu d'influence qui lui reste sur l'esprit des peuples, voit chaque jour se dissiper le prestige de son importance et sent son poids diminuer d'heure en heure dans la balance des Etats; son gouvernement chancelle, ses ministres se cachent, son roi s'enfuit, sa couronne se brise, son trône est brûlé, et la royauté citoyenne abandonne la place à la république qu'elle avait supplantée; mais les diplomates républicains, non moins maladroits que les diplomates royalistes, et ne voyant pas mieux qu'eux ce qu'il y avait à faire, ne tardent pas à mener la république où ceux-ci avaient mené la monarchie.

Qu'y avait-il donc à faire? C'est ce que, à notre retour de Constantinople, nous demanda avec empressement M. Drouyn de Lhuys, à la fois président de la société orientale, dont nous étions membre, et président du comité politique de la Constituante, dont il eût été peut-être à désirer que nous fissions partie.

De tous les ministres qui, depuis 1815 à 1848, s'étaient succédé aux affaires de l'extérieur, il n'en était pas un qui eût eu, nous ne disons pas le sentiment, mais même le moindre soupçon des hautes questions sociales que le Danube roule avec ses eaux allemandes dans la mer Noire, dont le tczar tendait à faire un lac russe. La présidence de la société orientale éclaira M. Drouyn de Lhuys sur ces hautes questions et lui inspira le sentiment profond des connaissances qu'il y venait puiser chaque semaine.

Pour notre part, nous fîmes tous nos efforts pour le mettre en garde contre les dangers de l'utopie panslaviste, manifestant sa réalité dans les agitations de la Servie, de l'Hertzgovine, de la Croatie et du Monténégro; nous lui présentions la Russie prête, depuis 1834, à repasser le Pruth et à franchir le Bosphore et les Balkans, pour faire de l'Europe ce qu'avait fait César de la république après avoir sauté le Rubicon.

Nous lui montrions, allant et venant en tous sens, les phalanges nombreuses de ses agents officiels et officieux, légions d'anges de ténèbres, composées soit de princes et de comtes, leurs compagnons, qui, tous étincelants d'or et de pierreries comme des anges de lumière, ont pour mission de s'emparer de quiconque, pape ou évêque, roi ou prince, ministre ou député, prêtre ou soldat, se sent possédé par l'orgueil, l'ambition, la rapine, le despotisme, afin d'en faire les clients honorés du tczar; soit du clinquant d'une foule de nations, d'Allemands, d'Italiens, de Français, d'Arméniens, de Juifs et de Grecs du Phanar, gens de tous métiers, de toutes professions, et tous renégats de la dignité humaine, dont la mission est de tenter les indigènes de tous pays, de pervertir toute interprétation de faits et d'idées, de fausser le sens des choses et des mots, de dénaturer la valeur des actes et des personnes, de faire voir comme mal ce qui est bien et comme bien ce qui est mal, de chanter sur tous les tons les louanges de S. M. tczarienne, de préparer les esprits au joug de sa domination, de prophétiser l'avènement fatal de sa Jérusalem panslaviste.

Les premiers, portant à la fin de leur nom, comme le boa au bout de sa queue, une sonnette dont le double son *ef* et *of* avertit l'homme sensé de se tenir sur ses gardes, nous le jugions trop prudent pour se laisser prendre à l'exagération de leurs louanges, à l'engouement de leur admiration, à la fausseté de leur logique. Les seconds nous paraissant, au contraire, d'autant plus dangereux, qu'ils affectent des airs plus libéraux, des allures plus civilisées, des sentiments plus généreux, un fond plus anglais, des formes plus françaises, qu'ils jouent mieux la modestie, dorent mieux leurs paroles, s'insinuent plus lentement et séduisent jusqu'à ceux qui devraient le plus les éviter; c'était principalement contre eux que nous nous appliquions le plus à le tenir en garde. Nous lui montrions le Finlandais Sprengt-Porten, suborneur de son pays, qu'il détachait de la Suède pour le livrer à la Russie; le Phanariote Mourouze, suborneur du Divan, qui livrait la Bessarabie aux Russes ; le Moldave Stourdza, suborneur de Kotzbue, dont, pour le salut de l'Allemagne, Sand a fait justice ; la princesse de Lieven, séductrice de M. Guizot, qui, sans s'en douter, s'est pris aux filets du tczar ; le général Luders, suborneur des Italiens, qui, dès 1846, affectait, à Rome, sous le titre d'exilé, les exagérations des communistes les plus exaltés de France ; les Valaques Bibesco et Shtirbéiu, suborneurs de MM. de Broglie et Guizot, accommodant leur instruction française à leur éducation phanariote, et les mettant l'une et l'autre au service de la Russie ; le médecin bulgare Piccolo, savant helléniste, se faisant de son savoir un instrument d'intrigues en sa faveur auprès de nos lettrés éminents devenus ministres ; enfin, nous faisions tous nos efforts pour l'initier au but occulte de tous ces messagers du tczar dans les piéges desquels nous ne voudrions pas que M. de Waleski se laissât prendre.

Entre tous ces hommes, nous lui apprenions à distinguer, par leurs méfaits de plus d'un siècle, tous ceux qui, de 1717 à 1820, sous les noms de Maurocordato, Mourouz, Caradja, Ypsilanti, Callimachi et Soutzo avaient administré les Principautés danubiennes en vrais maltôtiers de finances, et qui, pour avoir essuyé quelques années la poussière de la chaise hospodarale sous le *titre viager de bey*, s'arrogent, en Europe, le *titre héréditaire de prince*, et se font, à Paris, un blason des armes de la Moldovalaquie (1); car ceux-là sont les Phanariotes, inconnus des diplomates, malgré ce triste portrait qu'en ont tracé tous les historiens.

Sans doute, dit Raïcevitch (p. 25), « comme il me répugne de décrire les iniquités des Grecs du Phanar, il me suffira de dire qu'ils ont ruiné le pays et en ont fait un désert; » sans doute, dit del Chiaro (p. 208), « les Phanariotes ont toujours été funestes à la Moldovalaquie, quand ils en ont obtenu le gouvernement; » sans doute, dit Emile Gaudin, notre ancien consul à Bucarest, « plus d'un million de Valaques ont franchi les Carpathes pour fuir les exactions des Russes et des Phanariotes; » sans doute, dit Raffenel (p. 173-177), « les Grecs ne voyant dans les Phanariotes qu'orgueil d'affranchis et bassesse d'esclaves, aiment mieux les avoir pour ennemis que pour maîtres; » sans doute, dit Anagnosti (p. 18), « les Phanariotes, obscurs débris de la race byzantine, ont, par leur cupidité et leurs intrigues, dépouillé la Roumanie et perdu ses droits politiques; » sans doute, dit Elias Regnault (p. 79), « le règne des Phanariotes a été pour la Moldovalaquie quelque chose de plus triste que la ruine, le déshonneur; » sans doute,

(1) Voir la voiture de madame Ypsilanti.

dit Zalloni, » on trouvera plutôt une coquette sans prétention, un médecin sans charlatanisme, un prêtre sans hypocrisie qu'un Phanariote sans intrigue, sans orgueil, sans cupidité (Hist. des Phanariotes, 1830). » C'est pourquoi nous nous étonnions d'autant plus devant lui de la faveur dont tous ces hommes sont encore l'objet de la part de la Porte et du crédit que leur accordent encore les ambassades européennes, que la décadence de la puissance ottomane et de l'influence politique et commerciale de la France en Orient ne date précisément que de leur avènement à l'hospodarat, après la paix de Carlowitz (1).

Et c'est ainsi que la société orientale, en donnant à M. Drouyn de Lhuys la connaissance des hommes et des choses de l'Orient, en fit l'homme le plus compétent à diriger les affaires de l'extérieur. Lors donc qu'il voulut bien nous interroger sur ce qu'il y avait à faire, toutes les nations étant dans l'attente, toutes demandant une direction, toutes appelant la guerre comme une opération césarienne qui devait, avec la vie et l'honneur, leur rendre la liberté et la paix, laissant à notre célèbre publiciste, M. E. de Girardin, et à notre grand poëte, M. V. Hugo, le soin de faire plus tard, au congrès de la salle Sainte-Cécile, le pa-

(1) Pour répondre à l'assertion contraire de M. G. Mano, dans sa brochure sur le 4e point de garantie, p. 89 et 99.

négyrique de la paix; et sentant, comme Barbès, que la guerre seule peut la donner solide et durable, glorieuse et utile, nous répondîmes à M. Drouyn de Lhuys qu'il y avait à faire ce que nous eussions désiré que l'on fît dix ans plus tôt, ce que l'on fait aujourd'hui, la guerre; la guerre pour l'intégrité de la Turkie, la guerre pour l'unité de l'Italie, la guerre pour l'indépendance de la Suède, la guerre pour la restauration de la Pologne, la guerre pour la fédération de l'Allemagne, la guerre pour l'autonomie des Principautés; la guerre pour la civilisation dont l'Angleterre et la France font leur cause contre la barbarie, sur laquelle s'appuie la Russie pour, à la faveur de nos discordes et des honteux traités de 1815, empiéter sur les droits des nations et nous en jeter l'outrage à la face.

Certes, nous sommes trop ennemi de toute prodigalité pour être de ceux qui trouvent que la France est assez riche pour payer sa gloire; nous n'aimons pas plus que M. de La Rochejacquelein la guerre pour la guerre; nous ne l'aimons pas même pour la gloire qu'elle donne; mais nous ne sommes ni légitimiste regrettant l'alliance anglaise et n'aspirant à la paix que pour ménager l'amour-propre du tczar, espoir et soutien de la légitimité; ni orléaniste blâmant la guerre pour justifier les dix-huit ans de paix à tout prix du roi Louis-Philippe ; ni démagogue, ne l'approuvant au contraire que dans l'espoir d'un 1812, sans se soucier d'un 1815 ; et, loin de vouloir risquer la France pour d'autres nationalités, nous ne voulons que compléter et affermir la nationalité de la France par l'avènement de toutes les autres.

Une paix donc qui n'aurait pour base que la liberté du Danube, la neutralisation de la mer Noire, l'abandon du double protectorat politique et religieux de la Russie sur les Principautés et les orthodoxes d'Orient ; une paix qui ne statuerait rien sur la Pologne et le Caucase, sur le Finmark et la Crimée, sur la Finlande et la Bessarabie ; une paix qui garantirait tacitement à la Russie la possession de ces territoires, la plupart ravis à l'Europe, une telle paix, nous l'affirmons, serait aussi glorieuse pour la Russie que honteuse pour les alliés, car ces possessions sont les éléments de sa grandeur présente en Europe, et ce n'est pas en les lui confirmant par le silence qu'on la portera jamais à diriger les vues de sa civilisation factice vers ses possessions d'Asie.

Pour M. de La Rochejacquelein, notre politique, appuyée sur l'alliance anglaise, peut être aventureuse et folle, parce qu'elle est digne et sincère ; pour nous la politique de M. de La Rochejacquelein, réduite à une mesquine question d'amour-propre, est d'autant plus puérile et vaine, qu'elle n'est qu'un palliatif et une servitude. C'est parce que, selon son désir, toute paix n'a jamais été, depuis 1772, que trop facile, que la guerre se fait, et c'est parce que nous voulons une paix plus difficile à rompre que facile à conclure que nous jugeons la guerre nécessaire, indispensable, et que nous la voulons telle que, après la paix, elle soit non-seulement facile, mais impossible. C'est pourquoi M. Drouyn de Lhuys semblait nous avoir si bien compris, que déjà, dès le 12 mai 1849, à la nouvelle de l'intervention russe dans les affaires de l'Autriche, il avertissait l'Assemblée nationale que, si les négociations ne suffisaient pas pour prévenir un acte aussi déplorable, le gouvernement lui demanderait son concours pour prendre une résolution. Les négociations ne suffirent pas; l'Autriche triompha des Hongrois avec le secours des Cosaques, et aucune résolution ne fut prise. Pourquoi donc? C'est qu'à nos principes, qui ne font du despotisme qu'un monstre dont la Russie est le corps et dont l'Autriche est l'âme, avaient succédé les jeunes idées de M. Despré sur la possibilité d'une régénération nationale des Slaves du sud par l'Autriche, et que, pour la réalisation de cette *espérance chimérique*, il fallait à tout prix l'aider à dompter les Hongrois. Les Hongrois ont été domptés, et, dépuis, les Slaves du sud n'ont jamais eu moins de chances de naître à la vie des nations.

Nous le répétons donc avec l'un des ministres les plus distingués de la Grande-Bretagne, M. Labouchère, *la guerre se fait non pas tant parce que la Russie a médité une certaine attaque contre la Turkie, que parce qu'elle se livre depuis trop longtemps à une attaque systématique contre toute l'Europe.* Oui, la guerre se fait parce que, sans manquer à leur devoir et déchoir de leur position parmi les nations, la France et l'Angleterre ont dû s'unir pour repousser, par une résistance énergique, cette attaque systématique, qui, si elle n'était point comprimée, amènerait infailliblement un état de choses absolument incompatible avec la liberté du monde habitable.

Quoi qu'il en soit, si nous avons suffisamment démontré comment, quand personne n'en veut, la guerre se fait, parce qu'elle résulte de fautes accumulées depuis près d'un siècle, et surtout depuis trente ans, par l'ignorance des diplomates, par la politique personnelle des ministres, par le relâchement au dehors de l'énergie gouvernementale, elle doit se faire aujourd'hui pour toutes les fois qu'elle ne s'est point faite; nous allons dire pourquoi, quand chacun la désire, la paix ne se fait pas.

II

Ce serait faire preuve de la plus profonde ignorance en matière d'histoire, que de considérer comme un fait nouveau et exclusif à la Russie les prétentions de cette puissance à s'étendre de la Baltique à la mer Noire, de convoiter Constantinople et de s'emparer de l'empire d'Orient. Dans le premier cas, la Russie n'a fait que se substituer à la Pologne, après que celle-ci se fût laissé frapper au cœur et déchirer la poitrine pour s'être obstinée à vouloir tenir ses bras tendus de Dantzig à Akermann. Dans le second cas, la Russie n'a fait que marcher sur les brisées de l'empire d'Allemagne; et ces trois mots : *route de Stamboul*, écrits sur un poteau de Cherson par le favori de Catherine, n'ont été que la réponse au défi jeté à Belgrade par le prince Eugène : *Il faut à l'empire les Balkans pour limites.*

Ce défi, cette réponse sont, ce nous semble, assez significatifs pour expliquer l'entente de la Russie et de l'Autriche, depuis surtout 1772, dans leurs agressions simultanées contre la Turkie, pour faire comprendre de quel intérêt cette guerre est pour l'Autriche, avec quelle adresse elle a su faire rechercher son alliance, se faire prêter appui et retirer le sien, dans quel dessein elle occupe les Principautés et dans quel but elle a exigé la garantie du *statu quo* qui maintient ces provinces hors du droit des gens.

Pour peu qu'on y réfléchisse, on reconnaîtra sans peine que l'Autriche, notre alliée, nous gêne plus, avec ses allures pacifiques, que la Russie, à qui nous faisons la guerre, parce qu'elle n'est elle-même qu'une cacophonie dans le concert social que la philosophie exécute en Europe depuis les révolutions d'Angleterre et de France, depuis Frédéric le Grand et l'érection de l'électorat de Brandebourg en un Etat indépendant.

En effet, non moins incohérente que la Russie, comme elle constituée sur le principe absolu, organisée comme elle sur l'échelle grossière de la féodalité, et comme elle composée de peuples divers et de diverses nations, de Hongrois, d'Italiens, de Roumains, de Bohêmes et de Slaves de tous genres, elle n'existe que comme existe la Russie ; elle en emploie les moyens, elle marche dans sa voie et tend au même but.

Si la Russie veut russifier les Slaves de Dantzig à Trieste, elle veut tout germaniser, Hongrois et Slaves, Roumains et Italiens, du Rhin au Danube et des Alpes aux Balkans. Si la Russie persécute les catholiques, l'Autriche persécute les orthodoxes ; si la Russie détient la Lithuanie et la Pologne, elle détient la Bohême et la Gallicie ; si la Russie recèle la Bessarabie depuis 1812, elle recèle la Bucovine depuis 1775 ; si la Russie s'est approprié la Courlande et la Finlande, elle s'est rendue maîtresse du Banat et de la Transilvanie ; si la Russie domine la Grèce, elle domine l'Italie ; si la Russie, asiatique et barbare, est grossière et brutale dans ses déclarations, l'Autriche, européenne et policière, est sournoise et astucieuse dans ses engagements; double incarnation du despotisme, dont ils sont les arcs-boutants, et toutes deux ennemies de toute vie, comme leur aigle à deux têtes, l'une tue l'homme sous le knout, l'autre tue l'honneur sous la baguette. C'est pourquoi si la Russie n'est avec personne et si personne n'est avec elle, l'Autriche, non plus, n'est sûre de personne, car personne n'est sûr d'elle.

Quoique préférant son principe absolu à ses intérêts matériels, elle sait néanmoins les sauvegarder l'un par l'autre ; par son principe, elle se met à l'abri des atteintes de la Russie qui l'inquiète et s'entend avec elle pour résister aux principes libéraux de l'Occident ; par ses intérêts matériels, elle se met à l'abri des atteintes de l'Occident qu'elle redoute et se lie avec lui pour empêcher la réalisation du panslavisme dont la menace la Russie.

C'est pour rendre impossible la réalisation de ce rêve, c'est parce qu'elle a senti que la féodalité n'est plus suffisante pour soutenir l'agglomération des différentes races dont se compose sa population, que l'Autriche qui, cependant, s'oppose plus que jamais à la fédératiou de l'Allemagne par la Prusse, qui ne craint rien tant que le réveil des nationalités, avant-coureur de sa dissolution ; qui, jusqu'en 1848, végétait comme la Chine dans son isolement, semblable à une mare d'eau croupie et fétide dans le désert ; qui, alors, s'est vue battue à la surface par le souffle populaire et remuée jusqu'en ses fondements par les tempêtes nationales, s'est faite elle-même révolutionnaire pour échapper aux coups de vent des révolutions, et que, s'armant de l'instrument à l'aide duquel la Hongrie espérait de se relever en un seul corps de nation, elle ne vise plus aujourd'hui qu'à l'unité, et ne tend plus aujourd'hui qu'à tout germaniser dans son empire, Italiens et Roumains, Slaves et Hongrois eux-mêmes.

Sans s'inquiéter si, comme la Hongrie, elle ne sera pas punie elle-même un jour, bientôt, demain, peut-être, par où elle aura péché, c'est dans ce but que, dès 1851, elle reconstitue la diète de Francfort, fait entrer dans la confédération germanique tous ses États anti-allemands, et modifie ainsi au mieux de ses intérêts et au détriment de l'Allemagne le zollverein de la Prusse ; c'est dans ce but que, appelant à son aide la philosophie sociale plus connue sous le nom d'économie politique, elle s'efforce de développer son industrie et son commerce, de leur trouver des débouchés, de pousser aux grandes entreprises, de créer de grands intérêts qui, lui servant à la fois de balancier pour les consciences et de poids pour la moralité, lui soient une garantie de sa propre existence. Tenter la partie intelligente de chaque nation par des emplois et les honneurs qui s'y rattachent, par des spéculations et les intérêts qu'elles produisent, consumer toute l'activité des populations dans la satisfaction des appétits ambitieux et des intérêts matériels, coloniser d'Allemands tous ses pays anti-germaniques, imposer sa langue et son uniforme à quiconque elle emploie, de quelque race qu'il soit, substituer aux diverses armées nationales et à leurs différentes bannières une armée uniforme sous son seul étendard, tels sont ses moyens de germaniser toutes les races d'origine et de tempérament, de besoins et d'aspirations différentes qui la composent et arriver ainsi à l'unité de cohésion qui lui manque et qui lui est indispensable pour annihiler le protectorat du tczar sur l'Allemagne, éteindre l'esprit fédératif qu'y souffle la Prusse, y revendiquer la suzeraineté du saint empire et se substituer à la Russie dans ses projets hostiles sur l'Orient et sur l'Occident. La civilisation lui laissera-t-elle le temps d'achever son œuvre? Pourra-t-elle, au dix-neuvième siècle, exécuter ce que Louis XI accomplit pour la France au quinzième? Nous ne le pensons pas; l'esprit de nationalité que Dieu souffle sur les peuples ne peut plus s'éteindre, et l'Autriche n'est elle-même qu'un gouvernement et non pas une nation; elle n'a qu'une vie factice en dehors de l'Allemagne, et les peuples qu'elle maîtrise renaîtront quand l'Allemagne, se l'étant réincorporée, aura recouvré son homogénéité fédérative.

Ce n'est pas que, pour le moment, l'Autriche convoitise Constantinople; son ambition, nous l'avons dit, ne s'étend pas aujourd'hui jusque-là; elle ne va que jusqu'aux Balkans; mais cette conquête ne lui est pas plus difficile qu'à la Russie. Si elle est sans mer et sans vaisseaux, elle n'en a pas encore besoin pour arriver à son but; elle y va de plain-pied; et le Danube, dont elle possède la rive droite jusqu'à Belgrade, au lieu de lui être un obstacle, comme à la Russie, lui est, au contraire, le véhicule le plus utile et le plus commode; et une fois aux Balkans, maîtresse à la fois dans la mer Noire et dans l'Adriatique, elle sera toujours à temps de resserrer Constantinople dans son territoire, jusqu'au jour où il lui conviendra de venir s'embosser devant elle, comme Mahomet II, en 1453.

Pour mieux allécher l'Allemagne par l'espoir d'une telle conquête et en faire le point de mire de sa politique, l'un de ces hommes d'Etat, plus homme du monde que philosophe, et plus fervent catholique que fin diplomate, M. de Fiquelmont, pousse l'outrecuidance jusqu'à nier, non-seulement l'aptitude du Coran à la régénération qu'il prêche, mais même l'existence religieuse de l'islam.

Ce procédé serait adroit s'il était nouveau; avant de combattre son adversaire par les armes, il faut le démoraliser par la parole; pour faire trouver bonne sa cause, il faut calomnier celle de son ennemi; et pour être plus sûr de le vaincre, il est bon de l'avoir tué moralement dans l'esprit des témoins de la lutte. Ce n'est pas autrement que s'y était prise la Russie au dix-septième siècle, pour se mériter les sympathies de l'Europe philosophique contre le catholicisme des papes et l'islam des sultans; mais de même que nous ne sommes plus aux temps de barbarie, où les rois broyaient les peuples pour les unir, nous ne sommes plus, grâce à Dieu, au temps d'engouement aveugle où, par opposition à l'intolérance catholique de l'Occident, les philosophes courtisaient la tczarine, et sans prévoir les dangers de son orthodoxie, alors fort tolérante, lui donnaient, en Europe, cette puissance morale qui permit à la Russie d'attenter deux fois et impunément à l'intégrité de la turbulente Pologne et de s'inféoder définitivement cette fanatique et courageuse chevalière de la papauté. Pour notre part, nous invitons M. de Fiquelmont à lire et surtout à comprendre notre islam des sultans devant l'orthodoxie des tczars, afin que, sachant ce qu'il ignore, il cesse d'abuser l'Allemagne en s'abusant lui-même et donne à l'Europe un prétexte plus plausible que celui de la religion, pour motiver et légitimer devant elle, au dix-neuvième siècle, à l'instar de la Russie, au siècle dernier, les vues ambitieuses de son gouvernement sur l'empire turk.

Ces vues ambitieuses ne peuvent être un mystère que pour ceux qui, ayant des yeux, les ferment à dessein, car elles se trahissent non-seulement par le langage, mais encore par des faits. Personne n'a oublié la hauteur avec laquelle elle a exigé de la Turkie l'extradition des refugiés hongrois ; et son insistance à occuper le Monténégro, et l'ultimatum du comte de Leiningen n'ont guère été moins attentatoires à l'indépendance du sultan, que l'ultimatum du prince Mentchikof et l'occupation des Principautés par les troupes du tczar. Pour tout homme qui veut y voir clair, ces actes sont des témoignages certains de cette entente cordiale qu'elle a contractée avec la Russie, en 1772, pour, avec elle, humilier la Porte à l'envi, jusqu'au jour où, ayant opéré son unité et s'étant substituée en Allemagne à la Russie, elle pourra, sans la craindre, s'avancer jusqu'aux Balkans, et si le caprice lui en vient, ou, si l'intérêt le lui commande, les franchir pour tomber sur Constantinople et s'en emparer.

Aussi peu belliqueuse de caractère que la Russie, mais, comme elle, sachant guerroyer à propos, elle sait aussi attendre ; car elle veut être sûre de vaincre. Pour marcher avec plus d'assurance à l'accomplissement de ses projets ambitieux, c'est ordinairement sans bruit et sans guerre qu'elle procède, par occupations militaires, cessions illégales, recul frauduleux des frontières et démoralisation nationale. C'est ainsi qu'avant de se prononcer pour l'Occident, d'une part, elle s'oppose à la formation des légions roumaines et polonaises et oblige la Porte à rétracter les ordres donnés à cet égard à Omer-Pacha, et que, d'autre part, elle demande à occuper les Principautés danubiennes, et l'obtient par un traité qui, sans l'engager à rien de sérieux, lui garantit le maintien du *statu quo* d'avant la guerre.

S'il se fût agi d'un état de choses qui répondît aux besoins du pays, aux vœux de ses habitants, le maintenir eût été assurément bonne justice; mais quand on sait qu'il est le résultat des convoitises jalouses de la Russie et de l'Autriche, des félonies du saint synode et des Grecs du Phanar, des occupations militaires, tant de fois réitérées, des provinces danubiennes, par les armées tour à tour protectrices de leurs deux puissants voisins; quand on est convaincu qu'il est le moyen par eux employé de longue date, et à tour de rôle, pour arriver soit à en effectuer le partage, soit à les incorporer toutes d'eux à l'un ou à l'autre empire; quand on a vu M. de Nesselrode considérer comme règlement définitif de la question des Principautés danubiennes ce régime qu'il leur a imposé, on comprend pourquoi, se méprenant sur sa valeur réelle, par la bienveillante courtoisie que l'Angleterre et la France ont mise à la rehausser à ses propres yeux, en s'exagérant à elle-même son importance, l'Autriche a fait de la garantie de ce *statu quo* la condition de son alliance.

Si la France et l'Angleterre avaient pu se faire l'idée de l'excès d'abaissement où en arrive une race indigène, sous la pression d'un protectorat qui vise à s'en incorporer le territoire, si elles avaient vu l'administration, la justice, l'éducation, l'impôt, livrés aux mains d'hommes vendus au protecteur ; si elles avaient vu ces hommes abandonner leurs concitoyens, renier leur langue, abjurer leur origine, oublier leurs traditions, se faire par anticipation les fléaux du pays, couvrir des sueurs du peuple les tapis verts de l'Europe, préparer son esclavage par la misère et traiter de sa misère de gré à gré avec le plus fort; si elles avaient vu les mascarades ruineuses de Bibesco parodiant, à son entrée impudique dans Bucarest, l'entrée triomphale de Michel le Vaillant dans Weissembourg; si elles avaient été témoins du double divorce que nécessita son mariage scandaleux avec la belle-sœur du prince qu'il venait de supplanter ; si elles l'avaient vu, cédant aux insinuations de M. de Nesselrode sur les dangers de l'éducation reçue en France, bannir la langue française des écoles nationales, fermer les écoles primaires des villages, imposer le pays pour ses frais d'investiture, détourner de leur voie trente-trois millions de francs destinés aux travaux publics, et, pour donner l'essor à ce qu'il appelait les prodigalités de son bonheur, offrir à sa maîtresse, devenue sa fiancée, une corbeille de trois millions huit cent mille piastres ; si elles avaient su, que depuis vingt-deux ans, d'après calcul fait, il a été prélevé sur le paysan, par les boïars des deux Principautés, 540 quarante millions de francs, dans un pays dont le budget ne s'élève pas, année commune, à plus de 12 millions de francs, assurément ni la France, ni l'Angleterre, à l'aspect de toutes ces iniquités du passé, n'eussent pu consentir au maintien de ce *statu quo*, ou n'y eussent consenti qu'avec réserve expresse de le modifier de manière qu'il n'ait plus rien de ce qui en fait une monstruosité.

C'est en vain que pendant vingt ans, de 1822 à 1842, les hospodars G. Gykha et A. Ghyka manifestèrent l'intention d'y mettre un terme ; si le premier, brisé par l'occupation militaire de 1828, n'eût pas désespéré d'en venir à bout, le second s'y prit trop tard pour y parvenir ; si bien que, maintenu par Georges Bibesco, de 1843 à 1848, à l'aide de la Russie, et perpétué par Barbou, son frère, dit Shtirbéiu, à l'aide de l'Autriche, il est tellement, aujourdh'ui, dans le seul intérêt de cette puissance, qu'il ne lui a pas paru prudent d'en conserver les choses sans en conserver les hommes. C'était logique, la réintégration de Shtirbéiu et de son administration lui en garantissait la durée, et la durée lui garantit la réalisation de ses espérances.

C'est ainsi que, encouragée d'ailleurs par les déférences de l'Angleterre et de la France, l'Autriche se complaît d'autant plus à le faire peser sur les Principautés qu'il lui convient mieux de réagir sur leur généreux mouvement de 1848, énergique symptôme de leurs saintes aspirations aux principes civilisateurs de l'Occident. Si l'Autriche n'était entrée dans les Principautés de gré à gré avec la France et l'Angleterre et du consentement de la Porte, que pour en chasser les Russes, elle n'avait nullement besoin de l'état de choses et des hommes d'avant la guerre, mais elle n'y est entrée que pour annihiler les succès d'Omer-Pacha sur le Danube, le profit de ses victoires à Calafat, à Cétaté et à Giorgeo; elle n'y est entrée que pour mieux arrêter l'élan de la guerre, pour mieux contrecarrer les opérations du généralissime ottoman, pour lui défendre le passage du Danube et le séjour en Valaquie, pour l'empêcher de se jeter à la poursuite des Russes, de passer le Pruth derrière eux, d'entrer avec eux en Bessarabie, et de leur disputer cette province; elle n'y est entrée que pour réduire le général Espinasse à ses néfastes promenades d'acclimatation dans la Dobrodja, promenades où nos soldats sont morts de faim et de soif, de maladies et de misère, en cherchant partout des ennemis qui n'y étaient pas; elle n'y est entrée que pour assurer la retraite des Russes, leur laisser le temps de se retourner, et d'aller employer leurs forces au secours de Sévastopol ; elle n'y est entrée que pour empêcher l'esprit français d'y pénétrer avec nos troupes et pour défendre à nos soldats de passer le Danube et, par la Bessarabie, d'aller surprendre Nicolaïeff, alors mal gardée, et afin de conserver à la Russie cet entrepôt général de sa marine qui, en alimentant incessamment Sévastopol, devait lui permettre de résister dix mois de plus à nos armes. Elle n'y est entrée que pour y jouer entre la Russie et la Turkie le rôle du juge et des plaideurs de la fable, pour la garder, comme *le troisième larron, qui saisit maître Aliboron;* et c'est pour s'en assurer la possession qu'elle s'est fait garantir le *statu quo* et qu'elle a tant tenu à réintégrer l'homme auquel, depuis 1834, le pays reproche l'insertion frauduleuse à son funeste règlement organique de ce plus funeste article qui, au mépris du droit des gens, livrait au tczar leur autonomie, de cet homme que, pour prix de ses obséquiosités, la Russie avait fait sortir sous une forme hybride de hospodar du néfaste traité de Balta-Liman, et en faveur du fils duquel le baron de Prokesh sollicite aujourd'hui, avec insistance, auprès de la Porte, l'hérédité de l'hospodarat.

Si l'Autriche tient tant à cet homme, pédantesque incarnation de ce *statù quo*, c'est que, comme la Russie, elle espère en pouvoir tout obtenir en flattant sa vanité par des insignes et des titres héréditaires qui, brillant sur son obscurité et donnant à sa postérité le lustre nobiliaire qui lui manque et que la loi du pays lui refuse, la mettent à même de pouvoir prétendre à jamais, avec ou sans mérite réel, à l'hérédité de l'hospodarat;

l'Autriche tient à cet homme, parce que de même que la Russie avait trouvé, en 1844, G. Bibesco, son prédécesseur et son frère, disposé à lui livrer le pays en livrant l'exploitation des mines à ses milliers de soldats déguisés en mineurs, elle le trouve dans les mêmes dispositions à son égard, prêt à accomplir, en sa faveur, cet acte de communisme tant reproché aux hommes de 1848, à lui abandonner, pour l'établissement de soixante mille familles allemandes qui lui en préparent la prise de possession, une partie des terres monacales, biens de l'État que les hommes de 1848 eussent préféré concéder à leurs paysans indigènes.

Ce *statu quo* n'est pourtant pas moins, au fond, aussi illégal pour l'Autriche que pour ses alliés, car il est le résultat d'un règlement imposé par les Russes et qu'elle n'a pas plus reconnu que l'Angleterre et la France; car, non-seulement, ce règlement n'est pas, comme l'exige le traité, le *résultat de l'accord général des habitants*, mais le fruit d'une coterie d'hommes achetés et vendus sous la présidence du consul russe, et pendant l'occupation militaire. D'ailleurs, au lieu d'être élus au moins selon le règlement par l'assemblée, les deux hospodars, contrairement aux traités antérieurs, sont nommés par les deux cours de Saint-Pétersbourg et de Constantinople; d'où il suit que ce *statu quo* est, en tout cas, une monstrueuse anomalie résultant de violations successives et du droit public et du droit privé. Il est l'état d'un pays où la justice se vend et s'achète, où le juge reçoit des deux mains, où les faux sont valables, où l'iniquité dépouille les pauvres de leur peu de bien pour le livrer aux riches qui le perdent au jeu, où l'instruction est organisée de manière à empêcher tout développement de l'intelligence, où l'éducation est dirigée dans un sens anti-national, où il n'y a plus d'écoles primaires, où il n'est ni philosophie de l'histoire, ni histoire de la philosophie, où l'histoire vraie du pays est interdite, où, à l'exemple de Louis XI, Shtirbéiu la tient enchaînée dans la bibliothèque où l'a emprisonnée Bibesco, son frère, parce que, écrite avec le sang le plus pur de notre cœur, elle dévoile toutes les turpitudes du présent et prophétise cet avenir que l'Angleterre et la France réservent et préparent généreusement aux Principautés. Il est l'anéantissement de tous les principes de l'antique constitution du pays, la consécration de castes qui n'y existaient pas avant l'avènement des Phanariotes en 1717, la réglementation du servage et des corvées du paysan, la sanction des priviléges que se sont arrogés cinq mille familles sur cinq millions d'hommes ; l'établissement d'une aristocratie bureaucratique dont, pour l'instruction et le savoir-vivre, le tiers est à peine au niveau de nos plus modestes boutiquiers; le régime du bon plaisir, sous la présidence d'une élite façonnée aux coquettes allures russo-phanariotes, qui ne tient à son aristocratie que pour ses priviléges, et à ses priviléges que pour les bénéfices qu'ils permettent de réaliser sous les formes les plus monstrueuses de l'iniquité la plus légale.

Il est l'état d'un pays dont la moitié des biens et des revenus est la proie des couvents et des monastères, et où quarante de ces établissements religieux, dédiés aux Lieux-Saints de Jérusalem, d'Athos, du Sinaï, etc., possèdent à eux seuls un revenu de 5 millions de francs, tandis que le budget national de la Moldavie ne va guère au delà; il est l'état d'un pays où le nombre, la nature, l'assiette, la répartition de l'impôt direct continuent d'être fixés par le *sened* de 1783, impôt dont la perception est d'autant plus dure qu'elle prête davantage à la déprédation et qui, assis plutôt sur les personnes que sur les choses, est chargé de tous les vices des impôts de priviléges, et dont le plus grand est, assurément, celui qui en exempte le 1/5 de la population; il est l'état d'un pays où la perception des impôts indirects, livrée à des fermiers, engendre, en les multipliant à l'excès, tous ces maux pour lesquels le système des fermes fut aboli en France en 1789, et dont le plus grand peut-être, est l'élévation aux emplois et aux honneurs des hommes qui boivent en Sardanapales et mangent en Lucullus les sueurs et le sang du peuple, le labeur des hommes, serfs ou esclaves, et qui, depuis 1845 seulement, ont mis plus de quarante mille familles dans la pénible nécessité d'émigrer en Servie et en Bulgarie pour fuir les corvées et les exactions de ce régime boïaresque, de ce *statu quo* autrichien qui peut se résumer ainsi : *hospodarat d'enchères, hospodars d'aventure*, boïarie sans entrailles, peuple sans droit, aristocratie sans dignité, noblesse sans devoir, fortunes sans labeur, travail sans profit, emplois sans mérite, orgueil sans talent, servilité sans honte, le tout assis sur le péculat, la vénalité, le privilége et le népotisme, et fondé sur ce funeste règlement organique, élaboré par Shtirbéiu, amendé par Nesselrode, anathématisé, en 1848, par l'archevêque métropolitain et brûlé alors par le peuple qui le jeta au feu, feuille par feuille, en chantant à chaque feuille : *Amen!* Et le métropolitain et les Valaques n'avaient pas moins raison alors que n'avaient eu raison Sobieski et les Moldaves quand, au dix-septième siècle, ce preux de la chrétienté brûlait, de ses propres mains et au milieu des rues de Iassy, le traité de Bogdan, qui liait la Moldavie à la Porte.

Pour en imposer la sujétion au pays, malgré l'antipathie qu'ils inspirent, l'hospodar par ses actes et ses allures, l'Autriche par ses vues d'annexion et de protectorat, l'hospodar écarte des affaires, moins les impossibles que les clairvoyants, et, pour compromettre la jeunesse, l'y appelle et la prépare, par un stage, à pratiquer, après la paix, cet état d'avant la guerre avec plus d'habileté peut-être que ses pères n'en ont jamais mis ; de son côté, l'Autriche entretient la terreur dans la population par la brutalité de sa soldatesque, tolère le meurtre et l'assassinat, au point que plus de Moldovalaques sont morts sous ses coups que sous le feu des Turks en 1848, pousse l'insolence jusqu'à insulter l'uniforme anglais honorablement porté par le capitaine Tur, réfugié hongrois, qu'elle ne grâcie que par déférence, et applaudit à la fureur du Croate qui, le sabre au poing, poursuit de ses menaces un paisible Français, le médecin A. Shramm, qui demande justice et l'attend.

Pour se convaincre que ce procédé n'a d'autre but que de satisfaire les convoitises de l'Autriche, il suffit de voir qu'elle n'a pas fait un pas réellement sérieux dans les vues de l'Occident ; qu'en se donnant pour son avant-garde active par le Danube, elle n'a pas entendu autre chose que de se poser comme leur arrière-garde inerte sur le Pruth, et que ce *statu quo* est pour beaucoup plus qu'on ne se l'imagine dans la lenteur de nos opérations, dans le retard de nos succès et jusque dans l'inefficacité de nos triomphes.

Certains diplomates se plaisent à croire que la Russie s'est bénévolement laissé battre sur le Danube par les Ottomans pour ne pas trop effrayer l'Allemagne et obliger l'Autriche à ne rien tenter de sérieux contre elle. A les en croire, Pierre le Grand ne se serait fait vaincre à dessein dans quarante batailles par les Suédois, que pour avoir le plaisir de vaincre une fois Charles XII à Pultawa. Nous n'adoptons pas cette manière de voir : la Russie s'est laissé battre, parce qu'elle n'a pas su vaincre; et l'Autriche n'est entrée dans les Principautés que pour l'empêcher d'être toujours battue. Autrement, nous lui demanderions ce que nous demandait en 1842 son gouverneur de la Transylvanie, le feld-maréchal baron Wernard : qu'allait-elle faire dans cette galère? Allait-elle, comme nous, y délivrer les galériens innocents que le despotisme y attache à la glèbe? Sa conduite prouve assurément le contraire. Son armée de Croates, hostile à l'Italie, n'est pas moins hostile aux Principautés ; les attentats qu'elle y commet y restent impunis, malgré les lois militaires; le comte Coronini dénie à Omer-Pacha le droit de répression sans son adhésion; ce n'est pas seulement à la France et à l'Angleterre qu'elle dénie le droit d'occuper les Principautés, c'est à la Turkie elle-même, qui pourtant en est suzeraine; bien plus, elle autorise le général Coronini à s'arroger le droit de *veto* sur les mouvements du généralissime ottoman; et quand celui-ci donne ordre à Sadyk-Pacha de franchir le Seret, le comte Coronini et le baron Augustini refusent au généralissime ottoman le passage du Danube, pour l'empêcher d'accomplir ses opérations sur les deux rives de cette rivière. Et comme si ce n'était assez d'entraves, pour achever de frapper Omer-Pacha d'impuissance, elle obtient, par une décision aulique, qu'il soit tenu de référer de tous ses mouvements au général autrichien.

Ces faits suffisent, ce nous semble, pour expliquer toutes les calomnies déversées par elles sur le compte du généralissime ottoman, calomnies que le bon sens anglais a rejetées avec autant d'indignation que l'impatience française les a accueillies avec complaisance; Omer-Pacha ambitieux de l'hospodarat! Omer-Pacha vendu à la Russie! Le dire, c'est infâmie, le croire, c'est sottise; Omer-Pacha est Croate; il a été élevé dans des sentiments de haute estime pour la France; jeune, il enviait pour la Croatie le bonheur d'être administrée par les lois françaises, comme la Dalmatie et l'Illyrie; mais, Croate, il est sujet autrichien, et, pour cesser de l'être, il s'est fait musulman; et, tel est le motif secret de la haine que lui voue l'Autriche, des embarras qu'elle lui a suscités, et des calomnies qu'elle a déversées sur ses intentions.

Distinguer l'Autriche de la Russie, comme les deux nuances d'une même couleur, c'est discernement; mais ne pas reconnaître la couleur dont ces deux nuances dérivent, c'est être aveugle; cette couleur est le noir où se confondent l'ignorance et la misère qui la font. En effet, la première opération que, à l'instar de la Russie, l'Autriche fait subir à toute province où elle met le pied, c'est l'isolement; pour se l'assimiler, elle y met des verrous aux frontières; rien n'y entre, rien n'en sort sans son agrément, sans avoir subi les perquisitions les plus minutieuses. Par ses soins, la Roumanie est en ce moment soumise au régime de Mazas; personne n'ose y prendre la plume, et ceux qui écrivent se gardent de signer. Avant peu, l'on n'y verra guère plus d'étrangers que l'on n'en voit dans ses autres provinces roumaines du Banat de Bucovine et de Transylvanie, où il n'y a pas trois Français, et peut-être pas un Anglais par province.

Les amis de l'ordre russe s'y étant faits les amis de l'ordre autrichien, l'armée protectrice de l'Autriche ne paie pas autrement ses fournitures que l'armée protectrice du tczar, avec l'argent extorqué aux paysans; si bien qu'au lieu de soulager ce pays, elle l'obère. Comme elle ne peut, à l'instar de la Russie, nier ou ridiculiser l'origine des Moldovalaques (1), attestée par un diplôme de l'empereur Ferdinand à l'archevêque Olahus, et qu'elle veut se les attacher pour incorporer leur pays à l'empire, loin de la nier et d'en faire fi, elle les en caresse et les en flatte en leur donnant son souverain pour leur empereur ; n'est-il pas l'empereur des Romains ?

D'ailleurs, un fait irréfutable, c'est que cette convoitise, déjà suffisamment dévoilée par ses actes, se trahit encore par ses paroles. En effet, selon le *Livre bleu*, revue semi-officielle de Vienne, les Principautés danubiennes doivent être *germanisées*, non-seulement pour faire du Danube un fleuve allemand jusqu'à la mer, mais pour annihiler les opérations des Transylvains, des Banatiens et des Bucovinois à leur réunion en un corps de nation indépendante avec les Moldovalaques, pour mettre fin à tout leur espoir d'une grande Roumanie, d'un Etat daco-roumain par la réunion de toutes les provinces de la Dacie trajane. Nous disons d'une nation indépendante, parce que, à cela près, l'Autriche ne demande pas mieux que de les voir réunies, pourvu qu'elles le soient sous sa suzeraineté absolue ; et c'est pré-

(1) Manifeste du tczar, juillet 1848.

cisément parce que, depuis 1772, elle n'a cessé de caresser son ambition, qu'il en est résulté entre elle et la Russie, qui les lui dispute, un antagonisme qui ne peut s'éteindre que par une solution apte à les débouter l'une et l'autre de leurs prétentions ambitieuses, par la solution naturelle et légitime que la jusice dicte au droit des gens, par la restauration de leur nationalité politique et de leur souveraineté indépendante. Qu'on y songe! Pour peu que l'Angleterre et la France laissent faire, nous voici revenus au temps où Catherine II et Joseph II, ligués pour envahir la Turkie en s'efforçant de se frustrer l'un l'autre des avantages de la guerre, faisaient, l'un frapper des monnaies à l'effigie de la Dacie, dont elle donnait le trône à son favori Potemkin, et l'autre soulever par ses magnanimes promesses les Roumains contre les Hongrois en leur répétant à satiété : *Imperator Romanorum sum;* mais la France et l'Angleterre ne se laisseront pas abuser par un jeu de mots, et l'empereur nominal des Romains de l'Italie ne sera pas l'empereur titulaire des Roumains de la Dacie trajane.

En vain donc la censure de l'Autriche châtre-t-elle l'esprit roumain de toute faculté productive; en vain raie-t-elle de tout manuscrit les mots *nation, patrie, liberté, indépendance;* en vain efface-t-elle de tout imprimé les mots *nationalité, pa-*

triotisme, unité roumaine; en vain fait-elle de la Moldovalaquie un séjour ténébreux, où pas un rayon du dehors ne pénètre, d'où pas un soupir du dedans ne s'exhale, où tout est muet et silencieux sous ses baïonnettes comme sous celles de la Russie, quand l'esprit de Dieu, ayant soufflé sur l'esprit des peuples, y a fait éclore une pensée, il faut que cette pensée, qui est divine, porte son fruit, il faut qu'elle se réalise et s'accomplisse; et ni les efforts de la diplomatie, ni les combinaisons de la politique ne sauraient l'empêcher de prendre corps et de se manifester en toute évidence ; d'ailleurs, quand, à elle seule, cette pensée est déjà le germe d'un progrès dans les sentiments de la dignité humaine, l'Angleterre et la France sont trop grandes de cœur et trop hautes d'intelligence pour ne pas l'aider à croître, à mûrir et à fructifier.

Nous ne sommes point un utopiste rêvant des faits qui ne sont pas même des idées, voyant des actes là où il n'est encore que des mots; c'est de notre connaissance approfondie des hommes par leurs actes et des choses par leur état que nous déduisons nos résultats; et ces résultats sont inévitables, parce que l'état des choses et les actions des hommes qui les nécessitent sont des réalités; l'appréciation que nous en faisons n'a pour mobile rien de ce qui ressemble à la politique personnelle; nous ne décrions pas la Turkie et Riza-Pacha pour grandir la Russie et le prince Mentchikoff; nous n'élevons pas aux nues Méhémet-Ali-Pacha pour terrasser Réchid-Pacha; nous savons tout ce qu'il y a de juste et de faux, de vraisemblable et de fallacieux dans les écrits de ces deux hommes, l'un, Russe, taisant son nom, que nous savons pourtant être celui de M. Balabine; l'autre, Français, dont nous croyons connaître la personne, mais dont, pour nous, le nom d'Estrilhes est un mythe. Nous ne mésestimons pas Méhémet-Ali et nous acceptons son programme de réforme, mais nous estimons trop Réchid-Pacha pour accepter les calomnies déversées sur ses actes et son caractère, et le tenons pour ce qu'il a été pendant quinze ans et pour ce qu'il est encore, l'homme le plus bienveillant, le plus libéral, le plus progressiste et l'un des plus honnêtes, de la Turkie, enfin pour le chef d'une école à laquelle toute la jeunesse, Ali-Pacha et Fuad-Pacha lui-même, doivent tenir à honneur d'appartenir. [Nous reconnaissons que la classe de ces grands boïars de la Moldovalaquie, qui s'y sont faits Autrichiens, ne pouvant plus être Russes, compte peu d'hommes de quelque valeur réelle, de quelque réelle vertu; aussi, depuis quinze ans, avons-nous brisé avec eux]; [mais nous nions que toute vertu soit exilée des Principautés avec les nobles proscrits

que nous tenons pour nos amis et nos frères; et nous reconnaissons que ces derniers sont généralement trop intelligents pour céder à l'influence de ceux d'entre eux qui, moins par esprit d'indépendance que par souvenir de leur origine byzantine, s'efforcent d'entretenir et de propager, au détriment de leur patrie, leurs sentiments de haine contre la Turkie et l'islam; nous affirmons aussi que si M. d'Estrilhes, qui ne nous semble que l'éditeur de pièces communiquées, n'ayant rien vu ni entendu par lui-même, ne connaissant ni Bucarest ni Constantinople, eût consulté ceux qui savent, et, entre autres, M. F. Colson, il se fût convaincu de l'exagération de ses assertions, de la rigueur de ses sentences, et refusé de les publier même sous le pseudonyme; car si l'analogie des actes témoigne de l'analogie du mérite, Réchid-Pacha, plus protestant que catholique, par cela même qu'il est plus sincère et loyal musulman, peut ne pas nager dans les eaux de notre politique et pencher plutôt pour l'Angleterre que pour la France; mais le Tanzimat étant son œuvre, comme le Louvre est l'œuvre de Perrault et de Visconti, nous affirmons, n'en déplaise au *Constitutionnel*, que ce Sully de la Turkie est assurément, non-seulement un des plus grands hommes, mais l'un des plus hommes de bien des temps modernes. Selon nous aussi, les

5

hommes du mouvement de 1848, en Valaquie, ne le cèdent, ni en désintéressement, ni en générosité, à notre noblesse de 1789; le jeune Tournavite n'est ni moins poëte dans sa prison, ni moins sublime devant ses juges que notre jeune André Chénier sous les verrous de la Terreur, et le négociant Hadji-Théodoraki, soutenant à lui seul tout le commerce, est absolument égal à notre Jacques Laffitte de 1830, et comme lui un grand, un illustre citoyen.

Que l'on n'induise pas de notre éloignement du pays à notre ignorance de ce qui s'y passe. Nous l'avons habité douze ans; nous y avons connu tout le monde, tout le monde nous y a connu; nous y avons tout étudié jusqu'aux entrailles, et, depuis quinze ans que nous en sommes sorti de par ordre du tczar, nous n'avons cessé, dans notre intérêt à son avenir, d'y entretenir des relations qui ne nous ont jamais abusé; depuis dix ans, nous appelons de tous nos vœux la guerre qui se fait pour son salut et celui de la Finlande, comme pour l'indépendance de la Turkie et de la Suède; nous eussions voulu être aussi capable de la conduire que nous nous croyons apte à en éclairer le terrain par la précision de nos renseignements, par la justesse de nos considérations sur la nature des choses et sur la valeur des personnes qui en font la politique.

Nos études sur l'Orient nous ont fait concevoir des Musulmans la haute idée que s'en était faite, en Egypte, Napoléon lui-même; nous avons regretté que, effrayé de certains principes sociaux de l'islam et qui peuvent s'en effacer, M. Drouyn de Lhuys ait préféré, à notre manière de voir, fruit d'une longue expérience, celle qui l'a conduit, avec ses vastes connaissances acquises et ses bonnes intentions, à aller s'échouer aux conférences de Vienne. La régénération des Slaves du sud par l'Autriche était une utopie de jeune homme qui avait voyagé trop vite pour se pénétrer des vues de cette puissance, aussi bien que les livres l'avaient éclairé sur celles de la Russie. Cette utopie, aussi dangereuse pour l'Autriche qu'était favorable à la Russie celle du monde greco-slave, n'avait aucune chance de réalisation. Les Slaves du sud se régénéreront d'eux-mêmes par la fédération, ou ils seront germanisés par la féodalité allemande : s'ils se régénèrent, l'Autriche cesse d'être un empire; s'ils se germanisent, l'empire turk disparaît. C'est à la France de choisir entre ces deux alternatives, entre la politique de François Ier et de Soliman, parfaitement comprise de Louis XIV, et celle d'Othon le Grand, de Charles-Quint et de Joseph II, parfaitement comprise de Joseph III.

Diplomates, rappelez-vous ces faits :

Othon Ier de Saxe, dit le Grand, ayant, au dixième siècle, ramassé le sceptre impérial tombé des mains débiles des successeurs dégénérés de Charlemagne, et ambitionnant, comme celui-ci, de relever intégralement l'empire d'Occident, annexe d'abord l'Italie à l'Allemagne, prend le titre de *César-Auguste*, se fait reconnaître *empereur romain* et oblige les Romains à lui prêter serment de fidélité. Puis, pour donner à tous ses actes et à son nouvel empire un caractère plus romain, il obtient, pour Othon II, son fils, la main d'une princesse greco-romaine, de Théophanie. Et c'est ainsi qu'après avoir élevé les Saxons vaincus, au-dessus des Francs, leurs vainqueurs, il ne craint pas, à quelque temps de là, d'envahir la France et de pousser jusqu'à Paris que le *Te Deum*, vociféré à Montmartre par ses soldats, a jeté dans la consternation.

On doit comprendre, sans doute, que l'Autriche n'a tant tenu à ce que le *statu quo* lui fût garanti que parce qu'elle redoute le résultat de la guerre plus que la Russie même. En effet, quelque atteinte que souffre la Russie, qu'il lui soit repris tout ce qu'elle a ravi depuis 1772, elle n'en restera pas moins une puissance indépendante et

(1) *Hist. génér. de la Diplomatie en Europe*, liv. I, ch. I, Tendances des Emper. germ., par F. Combes.

souveraine, tandis qu'en prenant ses proportions naturelles, la guerre souffle sur l'Autriche, la dissolution, la réduit à son expression la plus simple, et, en la rattachant à l'Allemagne, lui enlève à jamais sa suprématie et sa suzeraineté.

C'est parce qu'elle le craint qu'elle s'efforce d'effrayer l'Allemagne du souvenir des guerres de la République et de l'Empire, guerres de conquêtes, il est vrai, attestées par la Hollande, l'Italie et l'Espagne, mais aussi guerres d'alliance confirmées par la Confédération du Rhin, guerre de régénération caractérisée par l'avènement du grand-duché de Varsovie, guerre de science attestée par les grands travaux sur l'Egypte, et enfin guerre de progrès manifestée par l'introduction du Code de la France en Pologne, dans les Provinces rhénanes, et jusqu'en Illyrie et en Dalmatie.

Quoi qu'il en soit, c'est de cet état de choses que sont sortis, pour arriver jusqu'à nous, et cette fausse nouvelle que le talent du général Pélissier n'a pu réaliser que dix mois plus tard, et cette fausse appréciation du mérite et des intentions d'Omer-Pacha, et le rappel de notre agent, M. Poujade; car il convenait à l'Autriche d'irriter l'opinion par des déceptions, il lui convenait d'attirer, sur le généralissime ottoman, la défiance de la France, la malveillance des Moldovalaques et la disgrâce de la Porte; mais il ne lui convenait pas

plus que M. Poujade, qui d'abord avait nagé dans ses eaux, s'en retirât, qu'il ne pouvait convenir à la France que M. Poujade prétendît donner à la Valaquie un prince de son choix et le portât sur C. Ghika, son beau-père.

C'est de cet état de choses que sont sortis tous ces Grecs du Phanar, qui, désespérant de la Russie, sont venus faire leurs *salamaleks* à la France et à l'Angleterre, et tous ces boïars moldovalaques, austro-russes, qui, s'étayant des hautes fonctions dont ils ont spéculé, des richesses qu'elles leur ont produites, des décorations que celles-ci ont payées, s'en font naïvement, à Paris et à Londres, des titres à l'hospodarat, voire même à la dignité royale, s'il entrait dans les vues des alliés d'ériger la Moldovalaquie en royaume.

Nous avons distingué, entre tous, l'auteur de cette fameuse brochure publiée à Bruxelles en 1847, et tendant à rendre incontestables les droits de la Russie sur les Principautés; digne fils d'un père qui réclamait comme son bien la ville de Tirgovist, ancienne capitale des Valaques, cet homme, ultra-russolâtre, est ce Soutzo que l'on appelle Soutzaki; il est censé n'être venu à Paris que pour revendiquer au gouvernement français une pension que Napoléon avait faite à sa mère et y plaider la réintégration d'A. Ghika en Vala-

quie, mais nous nous refusons à croire à l'aveu de ce double but; l'incarnation la plus vivante du système russe ne peut pousser l'impudence jusqu'à se prétendre partisan du système français, et l'honorable prince Ghika qui, depuis vingt ans déjà, a retiré sa confiance à ce caméléon politique, ne la lui aurait pas rendue en ces circonstances; non, cela est impossible. Aussi affirmons-nous qu'il n'est réellement à Paris que pour y faire valoir ses droits et ceux de M. Callimachi à l'hospodarat.

Cependant, le firman de 1818, sur lequel il s'appuie, a été abrogé en 1821 par le sultan Mahmoud. La participation de tous les Soutzo dans la conjuration d'Ypsilanti et des Cantacuzène, les a fait alors déclarer, avec tous les Grecs du Phanar, félons et indignes à jamais d'occuper la chaise hospodarale. C'était bonne justice; car les Phanariotes ont été, pendant plus d'un siècle, le fléau des Principautés; Nicolas Mavrocordato y avait licencié l'armée et fermé les écoles; Constantin, son frère, y avait promulgué la loi qui, en accordant l'indigénat à quiconque épouse une indigène, fournissait à ses compatriotes le moyen le plus simple de spolier tous les naturels.

C'est de cette loi que profite M. Callimachi pour se poser en Moldave et briguer l'hospodarat, à la faveur des bonnes grâces que lui a méritées, en haut lieu, l'élégance de son esprit et de ses manières. Mais M. Callimachi n'a jamais habité la Moldovalaquie, jamais il n'y a exercé de profession ; il n'y a jamais joui d'aucune fonction et d'aucun titre, et y serait-il né, qu'il n'en serait pas plus Moldovalaque, que pour être né en Chine ou au Japon, un Français n'est Japonnais ou Chinois. L'outrecuidance des prétentions de tous ces hommes du Phanar à l'hospodarat des Principautés nous semble tellement absurde que, nous osons le dire sans vergogne, notre agent, M. Poujaud, marié à une Ghika, n'y a pas moins droit que tous ces beys, et tous ces beys y ont moins droit que nous, citoyen français qui, par un séjour de douze années en Valaquie et des services gratuits, mais réels, nous sommes du moins mérité, avec l'indigénat, l'estime et l'affection de quiconque y est juste et honnête. Ces gens-là prennent assurément l'Angleterre et la France pour ce qu'ils sont ; comme si la France et l'Angleterre ignoraient ce qu'ils valent ; comme si Wilkinson, Delchiaro, Raïcewith, Zallonie et nous-même ne les avions pas fait suffisamment connaître à l'Europe ; comme si leur obséquiosité envers le plus fort fût chose ignorée ; comme si l'orgueilleuse domination de leurs pères ne fût pas écrite en lettres de sang dans les annales de l'histoire ; comme si personne n'eût vu Stourdza, Bibesco et

Shtirbéiu s'entendre tous trois, après l'entrée des Russes, en 1853, dans les Principautés, pour amener G. Ghika à mettre avec eux ces provinces sous la protection suzeraine de l'Autriche ; comme si personne n'eût compris dans quel but Bibesco et Shtirbéiu réclament, à tour de rôle, les faveurs de notre gouvernement pour l'admission de leurs enfants dans nos écoles ; comme si personne n'eût deviné dans quel but, tandis que les fils courtisent l'Autriche et la Turkie, les pères font les pieds plats devant l'Angleterre et la France ; comme si personne n'eût jamais été témoin de leur assiduité auprès des missions russes ; et comme s'il fallait prendre les satisfactions de leur vanité pour des témoignages de sympathie.

C'est donc en vain que M. Mano s'efforce, aujourd'hui, de les réhabiliter. Nous ne sommes pas de ceux dont la théorie démagogique consiste à représenter, comme vampires du peuple, tous ceux que leur science et leur talent placent à la tête de leurs semblables ; mais quels qu'ils soient, princes ou prêtres, s'ils compromettent leur science et leur talent par des méfaits qui les déshonorent, notre qualité d'historien nous fait un devoir de les en stigmatiser.

Ce n'est donc pas au hasard que nous avons stigmatisé ceux des Phanariotes qui, de 1717 à 1821, ont administré les Principautés moldovalaques, c'est avec la connaissance des faits (1), et cependant nous n'avons jamais cru que toute vertu fût morte au Phanar.

D'ailleurs, nous n'avons jamais confondu les Grecs avec les *Romaioi*, et nous ne pouvons admettre, avec M. Mano, que le Byzantin soit Roumain Moldovalaque, parce qu'il est *Romaioi*, et que le Roumain Moldovalaque soit *Romaioi*, parce qu'il est orthodoxe. Nous nions que les sultans aient donné l'hospodarat des Roumains de Moldovalaque aux *Romaioi* de Byzance, parce que, pour eux, *Romaioi* et orthodoxes n'auraient été qu'une même chose ; il est d'autant plus facile de reconnaître ce qu'a de sophistique cette assertion de M. Mano, qu'il le fait ressortir lui-même, en avouant que le drogman de la Porte considéré comme Turk, quoique Grec du Phanar ou *Romaioi*, ne peut faire partie du saint synode. D'où il suit que ce n'est pas en leur qualité de *Romaioi* ou d'orthodoxes, mais en leur qualité de drogmans et d'employés turks, que les Phanariotes ont obtenu l'hospodarat.

Il y a donc outrecuidance de la part des Phanariotes à y prétendre, en leur qualité de *Romaioi* et d'*orthodoxes*. Et c'est en vain que M. Mano cherche à établir l'existence politique d'une nation

(1) Pour répondre à M. G. Mano, p. 75.

Romaïque et qu'il s'efforce d'enclaver politiquement, dans le giron du saint synode de Byzance, les Bulgares, les Albanais, tous les Slaves de la Turkie, et les Moldovalaques eux-mêmes, sous le prétexte de leur orthodoxie ; pour détruire le danger de cette propagande, qui tend à former de l'orthodoxie une nationalité théocratique, il suffit à la Porte d'autoriser toute nation à avoir son clergé indigène et d'en déclarer l'indépendance religieuse (1). D'ailleurs, l'Eglise moldovalaque n'est pas plus dépendante du saint synode, que l'Eglise gallicane ne l'est de la papauté. Mais M. Mano se plaît à confondre l'autonomie civile et religieuse conférée au patriarche Genadius, avec l'autonomie politique concédée, par des traités, aux princes moldovalaques Marcea et Vlad, Bogdan et Pierre Rarès.

Nous ne nions pas l'aptitude des *Romaïoi* aux belles-lettres, aptitude qui en fait des grammairiens et des linguistes, des rhéteurs et des poëtes, mais aussi des beaux parleurs et des sophistes. Historien des Moldovalaques, nous avons montré, dans le chapitre de 80 pages que nous avons consacré au régime des Phanariotes, comment ils s'attiraient l'estime des grands de l'empire et les malédictions des pays qu'ils administraient (2).

(1) Pour répondre à la page 69.

(2) V. Mano, p. 95.

Avant d'en rien dire, nous avons consulté tous nos devanciers, allemands, italiens, anglais, français, grecs même; mais à entendre M. Mano, Raïcevitch, Delchiaro, Wilkinson, Emile Gaudin, Raffenel, Photino et Zalloni ne sont que des calomniateurs. Selon lui, C. Mavrocordato fut un Titus, et Nicolas, son prédécesseur et son frère, ne fut pas un Néron.

Quant à ce qui nous regarde, nous nous reconnaissons sans influence personnelle, nous tenons même à honneur de n'en rechercher aucune; il faut à certains hommes leur temps, comme il faut à certains temps leur homme; nous avouons donc vouloir peser moins sur le présent que sur l'avenir; mais, comme Casimir Delavigne et Chateaubriand ont salué poétiquement la régénération de la Grèce, à laquelle nous avons nous-même applaudi; nous avons flétri, avec tous les historiens, les méfaits excessifs des Phanariotes dans les Principautés moldovalaques. Notre prose, assurément, n'a pas l'atticisme de celle de Paul-Louis Courrier; au lieu d'exhaler comme la sienne une odeur d'aubépine, la nôtre n'émane qu'une fétide exhalaison de boue et de sang; mais c'est précisément pourquoi nos vérités y apparaissent avec une réalité plus saisissante (1). Et c'est aussi pourquoi nous leur disons

(1) V. Mano, p. 59.

à tous ces Jérôme Paturot de la boïarie et du Phanar : Cessez de vous évertuer à la recherche de la faveur anglo-française, vos hautes fonctions passées ou présentes, vos richesses bien ou mal acquises, vos décorations mendiées ou payées valent moins, aux yeux de l'Angleterre et de la France, que le mérite le plus modeste, que la probité la moins astucieuse, que la pauvreté patriotique des fils de Tournavite, mort pour la France et pour son pays. Adressez-vous donc à l'Autriche et ne vous adressez qu'à elle seule ; car seule elle a intérêt à la paix, qui, seule, peut vous réintégrer dans l'iniquité de vos priviléges.

Oui, pour qui aura compris que le *statu quo* maintenu dans les Principautés par l'Autriche est la base de tout un système qui, *germanisant* tous ses peuples, lui donnant la suzeraineté sur l'Allemagne, étendant l'Allemagne jusque par delà le Danube, jusqu'aux Balkans, et la mettant ainsi, vis-à-vis de l'Occident, dans les mêmes conditions de la Russie, empêche la paix de se faire, pour celui-là, la paix ne se fait pas, parce que les actes du droit et le droit des actes ne se pondèrent pas également dans la balance de la justice, et que les intérêts de la Russie et de l'Autriche ont un autre but que cette égale pondération ; parce que, pour que la paix se fasse, il faut que la pensée de M. Labouchère s'accomplisse ; parce que, pour que la paix se fasse, il faut que les deux bassins de la justice soient égaux ; parce que, pour que la paix se fasse, la justice ne doit pas plus peser au sud qu'au nord, en Turkie qu'en Suède, en Moldovalaquie qu'en Finlande ; parce que, pour que la paix se fasse, il ne suffit pas de la vouloir, mais vouloir avant tout la justice, sans laquelle toute paix ne peut être qu'une trève, comme celle de Campo-Formio et d'Amiens, comme celle d'Erfurth et de Tilsit, le prélude d'une nouvelle coalition, et que la France et l'Angleterre ne peuvent et ne doivent vouloir qu'une paix solide et durable, glorieuse et européenne, telle enfin que les peuples, marchant heureux dans sa voie, puissent y travailler à leur bien-être et tendre à la civilisation, dont, pour l'amour d'elle, la guerre fait son but.

Puisque nous avons suffisamment démontré pourquoi la paix ne se fait pas, nous allons faire comprendre comment la guerre doit inévitablement finir.

III

Il est certain que si l'Autriche et la Russie se disputent le protectorat de l'Allemagne, qu'elles se croient l'une et l'autre destinées à accomplir la destruction de l'empire ottoman, et que, mettant tour à tour à profit la paix et la guerre, elles y travaillent à l'envi pour s'assurer la suzeraineté sur l'Europe ; en présence de ce fait, il est vraiment surprenant d'entendre certains diplomates, à cheval sur ce qu'ils appellent des principes, dénier à l'Angleterre et à la France le droit de s'opposer à ces vues d'envahissement et de domination ; la France et l'Angleterre, disent-ils, qui se jalousent l'Égypte, qui détiennent, l'une l'Algérie, et l'autre Gibraltar, Malte et les îles Ioniennes, ont-elles moralement le droit de trouver à redire aux faits et gestes de la Russie.

Certes, nous sommes loin d'approuver les rivalités illégitimes des deux plus grandes puissances de l'Occident sur l'Égypte, aussi espérons-nous que la canalisation de l'isthme de Suez y mettra bientôt un terme ; nous considérons la détention de Gibraltar comme une épée laissée dans la plaie de l'ennemi vaincu, aussi trouverions-nous humain de l'arracher pour leur honneur ; quant à ce qui est de l'Algérie, si l'on n'a pas oublié que ce pays n'était qu'un repaire de pirates dont personne ne venait à bout, et que la Turkie, qui n'en tirait aucun profit, ne le possédait que nominalement, on conviendra que les récriminations qui s'appuient sur elle, quoique dignes, en principe, de considération, sont, dans l'espèce, de peu de valeur, puisque, entre ces détentions et celles de la Russie, il n'y a pas plus de rapport qu'entre l'Asie et l'Afrique. En effet, la France possède l'Algérie au même titre que la Russie possède tout le nord de l'Asie ; et cette possession n'est pas plus dangereuse pour l'Europe en général, et pour la Turkie en particulier, que ne l'est la possession de la Sibérie et du Kamtschaka par la Russie. Pour ce qui est des îles Ioniennes, trop de langue grecque, il est vrai, pour être de la Turkie, nous préférerions sans doute les voir rattachées à la Grèce, bien que peut-être aussi un peu trop dans les eaux de la Turkie ; mais s'appuyer sur le protectorat qu'y exerce l'Angleterre, en vertu des traités, pour nous si honteux, de 1815, afin d'atténuer l'injustice du protectorat russe en Suède et en Moldovalaquie ; c'est rejeter ces traités à la face de la Russie et la mettre en contradiction avec elle-même? Aussi, tout sérieux que sont ces rapprochements, et toutes graves que sont ces récriminations, dont, pour notre part, nous apprécions la justesse, ne nous y arrêterons-nous pas davantage, parce que, si nous les approuvons en principe, si nous reconnaissons l'identité du fait, nous nions la similitude de la forme en affirmant le contraste des résultats, la Russie s'appropriant pour barbariser, la France et l'Angleterre s'appropriant pour civiliser.

Si la justice n'est pas une utopie, la justice des rapports des Etats entre eux est la seule base solide et durable de l'édifice social, de l'harmonie politique de l'Europe, et, pour en obtenir le triomphe, tout gouvernement qui aspire au progrès doit rechercher, avant toutes choses, la liberté et l'égalité mutuelles des citoyens et des peuples, des gouvernements et des nations, fondées sur la réciprocité des devoirs et des droits. Il faut donc savoir gré à l'Angleterre et à la France de cette haute intelligence de la justice, de ce haut sentiment du droit qui leur ont fait prendre les armes pour en obtenir le triomphe sur la force toujours dominante de l'iniquité, sur la violence toujours agressive de la tyrannie.

L'Angleterre est pour tous les peuples le type de la légalité constitutionnelle, la France est pour tous les peuples le type de la légitimité nationale;

tous les peuples espèrent en elles, tous attendent d'elles le droit que la justice leur donne, que l'iniquité leur refuse de vivre, comme elles, de leur propre vie, de leur vie légitime et légale, de leur nationalité, dont elles sont l'incarnation, l'une la plus active et la plus vigilante, l'autre la plus vivace et la plus homogène.

Or, en ce temps de ruines et de renaissance, où les Etats décrépits s'écroulent, où les empires usés s'effacent, où surgissent de nouveaux peuples et apparaissent de nouvelles nations, où le monde entier, ramené aux principes vrais de la politique et de la morale, se retrempe et se ravive dans les vérités éternelles de la justice et du droit, si la Russie a raison de ne pas vouloir la domination des Slaves du sud par les Allemands, si l'Autriche devrait avoir celle de ne pas souffrir la domination des Allemands du nord par les Slaves, l'Angleterre et la France n'ont pas tort de voir de mauvais œil cette double domination, et ont assurément raison de s'opposer à ce qu'elle s'étende sur des races qui leur sont consanguines, de quelque part qu'elle vienne, des Slaves ou des Germains.

Pour être Slaves, les Polonais ne sont pas Russes; et, pour être Slaves comme les Russes et les Polonais, les Serbes, les Croates, les Bosniaques, les Monténégrins ne sont pas plus Polonais et Russes, que pour être également *Walls* et *Gaël*, les Gaulois de la Grande-Bretagne ne sont Français, ou que ne sont Anglais les Bretons de l'Armorique ; car, par cela même qu'il y a affinité, il n'y a pas identité. Or, il n'est pas d'autre affinité entre les peuples de langue slave que celle qui existe entre les peuples de langue latine, entre les peuples de langue teutonique, entre les peuples de langue celtique; et si cette affinité qui les rend pourtant solidaires fait un devoir à chacun de s'opposer à ce qu'aucun ne soit dominé par une race étrangère, elle ne constitue néanmoins pour aucun le droit de dominer les autres.

Cependant, autant la faible Autriche témoigne d'indifférence pour la domination par la Russie des Allemands septentrionaux de la Baltique, autant la Russie témoigne de déplaisir contre la domination par l'Autriche des Slaves méridionaux du Danube à l'Adriatique. Mais si l'affinité des Serbes, des Bulgares, des Croates, peut-être, pour la Russie, un motif assez puissant, non-seulement pour les arracher à la domination de l'Autriche et de la Turkie, mais même pour se les incorporer, et si les droits qu'elle a hérités de la Hongrie permettent à l'Autriche d'effacer cette affinité par la germanisation, l'Angleterre, wallo-normande, et la France, gallo-latine, ne doivent-elles pas s'unir pour s'opposer à cette double velléité des cabinets de Vienne et de Pétersbourg, à cette prétention des Allemands du sud et des Slaves du nord à s'inféoder des peuples qui leur sont complétement hétérogènes d'origine et de sentiments, de principes et d'aspirations, de besoins et d'intérêts. Et pourquoi, quand il est de leur intérêt de s'opposer à l'accomplissement de ces projets de lèse-nation en poussant ces peuples à se confédérer pour leur éviter de devenir ce qu'ils ne sont pas, ni Allemands, ni Polonais, ni Autrichiens, ni Russes, pourquoi, disons-nous, n'exigeraient-elles pas la confédération non moins importante des six grandes familles roumaines établies depuis Trajan sur le sol de la Dacie; car, pour être partagées comme la Pologne, avant la Pologne et à cause de la Pologne, entre leurs trois puissants voisins, pour dépendre les deux premières de la Hongrie, la troisième de l'Autriche, la quatrième de la Russie, et les deux dernières de la Porte, ces six grandes familles du Banat, de Transilvanie, de Bucovine, de Bessarabie, de Moldavie et de Valaquie ne sont pas simplement en affinité comme les Slaves du sud et du nord, mais, parties identiques d'un tout, elles sont en identité parfaite; en identité d'origine, sans distinction connue; en identité de langue, sans dialecte; en identité de croyance, sans schisme et d'une homogénéité telle qu'elle est peut-être sans égale parmi les nations.

Si cette identité, si cette homogénéité ne leur constituait pas à elle seule le droit d'être une nation, leur affinité avec la race wallo-latine ne doit-elle pas leur mériter ses sympathies et faire un devoir à la France et à l'Angleterre, dont elles aspirent la civilisation, de les constituer, comme elles le désirent, en un corps de nation capable de peser dans la balance des Etats.

Nous ne dirons pas, pour parler comme les Polonais, en dénaturant les mots pour dénaturer les choses, que l'indépendance de la Roumanie entraînerait nécessairement l'abandon définitif de la nation *gallicienne* à l'Autriche, car encore que la Gallicie constitue mieux à elle seule une nation que la Bessarabie, qui n'est qu'un membre de la nation roumaine, nous disons le contraire, parce qu'il ne convient pas plus à l'Occident que l'Autriche se substitue à la Russie, que, depuis 1772, il n'eût dû lui convenir que la Russie se fût substituée à la Pologne, l'Occident n'ayant pas moins besoin d'une Pologne que d'une Roumanie. Mais nous devons convenir d'une vérité, c'est que la Pologne reconstituée garantit si peu l'Europe des velléités ambitieuses et conquérantes des Slaves du nord, que ces velléités se manifestent par tous les écrits des Polonais qui, sans patrie depuis près d'un demi-siècle, ne s'en voient pas sans Dantzig et Akerman ; tandis que la Roumanie reconstituée met obstacle, au contraire, à toute velléité panslaviste et sert de barrière contre toute agression. Aussi, n'hésitons-nous pas à le dire, non-seulement nous considérerions comme une maladresse de rétablir la Pologne au détriment de la Roumanie, mais nous affirmons que le rétablissement de la Roumanie n'importe pas moins aux intérêts de l'Occident que celui de la Pologne n'importe à son honneur.

Aux gouvernements qui, niant ce fait, le traiteraient d'utopie, parce que, n'étant rien par eux-mêmes, il leur convient, pour être quelque chose, de se roidir contre les mœurs et les sentiments des nations, contre les besoins et les aspirations des peuples, nous répondrions qu'il y aura toujours insurrection et guerre tant que cette roideur existera ; et les révolutions qui se sont accomplies et la guerre qui se fait les obligent de comprendre que la solidarité des nations est supérieure à celle des familles dans la politique des Etats et que tout gouvernement a tort qui s'insurge contre le principe naturel de la nationalité ; car il est celui de la famille ; il en représente le caractère et les mœurs, les sentiments et les aspirations, les besoins et les devoirs, les intérêts et les droits; il est la personnalité d'un peuple et l'individualité d'une nation.

Certaines théories sophistiques se sont prévalues de la généralité du progrès pour nier ce principe de la personnalité populaire, de l'individualité nationale, mais la véritable science, qui est saine et loyale, parce qu'elle est exacte et certaine, ne simplifie pas sans classer, et c'est en précisant les lois particulières qu'elle parvient à formuler les suprêmes harmonies de l'unité. C'est ainsi que le droit des nations, incessamment réformé du droit des gens ou des ancêtres, est contenu dans le droit complet de l'humanité. Notre réponse à M. de Feuillide a suffi, nous le pensons, à lui démontrer que son unité humaine, sans les nationalités qui en sont les tons, en font les accords et en composent l'harmonie, ne serait qu'une immense monotonie, comme l'Océan houleux ou calme, comme le désert sec et stérile, ou qu'un immense chaos, comme un ciel sans zodiaque, une nuit sans lune, un jour sans soleil et le temps sans lumière.

Si ce principe populaire et national est une révolution, c'est-à-dire un revirement en sens contraire du dogme aristocratique et féodal, qu'il froisse et qu'il brise, il faut que tout gouvernement de progrès l'adopte et se fasse avec lui révolutionnaire; car il faut incessamment des actes nouveaux, fondés sur les principes d'ordre et de progrès, pour éviter les insurrections et l'anarchie, comme pour éviter l'écueil et le naufrage, il faut sans cesse virer de bord, quand on se tient sans cesse hors du droit chemin. C'est ce principe qui fait le droit de l'Angleterre et de la France dans la guerre actuelle; c'est pour l'avoir ignoré qu'elles ont abandonné si longtemps les nations à elles-mêmes; c'est pour l'avoir méconnu que, à l'instar de la Pologne et de la Hongrie d'autrefois, auxquelles elles se sont substituées, la Russie et l'Autriche, qui, d'elles-mêmes, seraient sans importance sérieuse, s'en sont donné une grandiose, menaçante par leurs attentats réitérés sur la nationalité des peuples; c'est pour n'avoir pas tenu compte à temps de ces attentats, que la France et l'Angleterre se lèvent enfin aujourd'hui pour les venger et les punir. Si les gouvernements d'Angleterre et de France eussent moins hésité à universaliser les progrès qu'elles effectuent incessamment dans l'intelligence de la morale et de la justice et dans le sentiment de la vérité et du droit, il y a longtemps que les peuples, mâtés par la conquête, maîtrisés par le despotisme, asservis par la tyrannie, eussent récupéré leur nationalité avec leur indépendance; malheureusement, la mémorable révolution de l'Angleterre ne rayonnant que jusqu'à ses côtes, et sans écho par de là la mer, n'a servi qu'à elle seule; la révolution de 1789, comprimée par la coalition, n'a débordé que par exubérance, moins pour démontrer la raison de son droit que pour prouver la force de sa raison; la révolution de 1830, rivée à la royauté et sans reflet autour d'elle, au lieu de faire la lumière au loin, l'a laissé éteindre en Pologne; la révolution de 1848 s'est vue elle-même étouffée sous la réaction, pour avoir soufflé les flambeaux qu'elle avait elle-même allumés; enfin, livrée aux utopies humanitaires, depuis son avènement à la liberté et depuis la chute de ses rois, dédaigneuse de leur politique, parfois d'autant plus habile cependant qu'elle était davantage dans leur intérêt propre, la France a trop longtemps oublié le but de l'alliance de François Ier et de Soliman le Magnifique, cette grande pensée qui, toute sa vie, agita Louis XIV, que poursuivit le grand Frédéric et que continua un instant Napoléon, l'abaissement de la maison d'Autriche.

Ce serait s'abuser cependant que de croire, avec certains diplomates, que les révolutions sont seules la cause des attentats de l'Autriche et de la Russie contre les nations; les révolutions en sont tout aussi innocentes que le revirement d'un vaisseau est innocent de sa perte; la cause de ces attentats, c'est le défaut de prévoyance dans le mouvement, c'est l'absence de direction dans la marche, c'est, autant, et plus même, l'insouciance et l'indolence de la royauté que les trop grandes préoccupations intérieures de la république. En effet, si c'est à la faveur du défaut de direction républicaine que s'est consommé, en 1795, le troisième partage de la Pologne et la prise de la Courlande, c'est à la faveur du manque de direction royale, que, en 1720, la Russie s'est emparée de l'Estonie, où est Saint-Pétersbourg; que, en 1772, elle a procédé au premier partage de la Pologne; que, en 1783, elle s'est adjugé la Crimée par ukaze; et c'est sous l'empire que, en 1809, elle a enlevé la Finlande à la Suède, et que, comme un tuteur, elle s'est approprié la Bessarabie en 1812.

Que les gouvernements éclairés et honnêtes cessent donc de se tant effrayer des révolutions, qui les font heureusement revirer de la routine au progrès; qu'ils sachent, au contraire, leur imprimer une direction salutaire, et ils comprendront, comme la France et l'Angleterre, que leur intérêt à tous est précisément d'entretenir incessamment la révolution dans la paix, de maintenir la paix dans un état incessamment révolutionnaire, afin de laisser à la liberté tout son essor, à l'ordre toute son harmonie, au progrès toute sa puissance, afin qu'il n'y ait ni licence, ni tumulte, ni insurrection.

C'est sur ce principe que, pour élargir leur sécurité troublée par les envahissements sans cesse renaissants de la Russie et de l'Autriche, que la France et l'Angleterre doivent vouloir améliorer la condition des peuples, rendre à tout peuple, avec sa nationalité, la liberté qui le mette à même d'en jouir et la dignité qui l'en fasse jouir avec honneur. Si, pour atteindre ce but sans être obligées de recourir à un appel aux peuples, sans violer leur principe d'ordre en insurgeant les nations contre leurs gouvernements, la France et l'Angleterre savent choisir leurs alliances, les choisir là où elles sont assurées d'avance de trouver sympathie de principes et d'intérêts, et telles qu'elles puissent compter sur leur coopération active et efficace; si elles savent se les gagner par de telles garanties que l'on s'estime heureux de les leur offrir, dans la conviction que ces garanties ne sont point des paroles vaines, mais des certitudes aussi réelles que leur grandeur même; si elles doivent s'estimer trop pour chercher à les obtenir par des concessions illégales contraires au droit des gens, par des échanges illégitimes contraires à la nationalité des peuples; s'il ne serait pas moins indigne d'elles d'abandonner les Roumains pour sauver les Lombards que d'abandonner la Lombardie pour sauver la Pologne; si elles ne font point une guerre de conquête, mais une guerre de réparation ; si elles ne peuvent vouloir se rien réserver, mais au contraire faire restituer tout; si, loin de vouloir séparer ce qui est identique, elles veulent réunir, au contraire, ce qui est en affinité, nous ne craignons pas de le dire, leur alliance avec l'Autriche est pour elles une alliance vaine, un leurre qui les abuse et dont l'Autriche les allèche pour les faire dévier de leur principe au profit de son ambition; et nous pensons que mieux vaudrait lui laisser un jour de plus la Lombardie, qui est à nos portes, que de s'en dédommager pour longtemps, peut-être, par des Etats dont l'existence, aujourd'hui douteuse, ferait demain toute sa force; car nous savons que du jour où, au lieu de s'appuyer sur elle, l'Angleterre et la France lui retireront au contraire leurs mains qui la soutiennent, l'Autriche verra tomber une à une de son tronc vermoulu les greffes hétérogènes qu'elle y a entées par cessions et successions, greffes vivaces qui n'ont pu y prendre, greffes généreuses qui n'aspirent qu'à s'en détacher.

En effet, l'Autriche n'est-elle pas vis-à-vis d'elles dans une position identique à celle de la Russie? La Hongrie et la Lombardie ne lui sont-elles pas aussi hostiles que le sont à la Russie la Roumanie et la Pologne? Et de même que la Pologne revendique à l'une la Gallicie et Cracovie, et à l'autre la Lithuanie et Varsovie, la

Roumanie leur revendique à l'une la Bessarabie, à l'autre la Bucovine, la Transylvanie et le Banat.

Comme on le voit, l'alliance de l'Autriche pour combattre la Russie n'est pas moins contradictoire aux principes que de s'allier avec la Russie pour combattre l'Autriche ; c'est combattre l'effet et non la cause ; c'est s'attaquer au faîte sans saper la base ; c'est s'armer d'une lime contre une lime, c'est s'unir à Bélial pour triompher de Belzébuth ; or, les mauvais esprits ne se mangent pas plus entre eux que les loups ; il est donc impossible que ces deux puissances agissent l'une contre l'autre autrement que pour se substituer l'une à l'autre dans la domination qu'elles se jalousent; d'ailleurs, quelque grande que soit la Russie, elle ne l'est que par son principe, et son principe n'est que celui de l'Autriche, principe féodal et despotique, que la Russie lui a emprunté et dont elle se sert comme d'un piédestal pour se mettre en relief ; oui, à bien considérer les choses, ce principe n'est pas d'origine russe, il n'est pas la cause du testament de Pierre ; il est d'origine allemande, la reprise en sous-œuvre du saint empire, que la Prusse avait ébranlé ; il ne s'est introduit en Russie qu'à l'avènement des Romanof, qui, du jour où l'empire d'Allemagne se transfigura en empire d'Autriche, se crurent appelés à réprimer l'esprit fédératif de la Suisse, à protéger l'esprit féodal de l'Autriche, afin de peser sur toute l'Allemagne du poids de leur suzeraineté. L'action de la Russie sur l'Allemagne n'est donc pas autre que celle de l'Autriche, et la maison de Romanof, comme celle de Hapsbourg, n'a pas d'autre principe, d'autre moyen, d'autre but que l'absolutisme, la féodalité, la domination.

Au lieu de rechercher l'alliance de l'Autriche, nous l'eussions dédaignée ; nous l'eussions obligée à la neutralité de ce *statu quo*, qu'elle n'a si bien rétabli dans les Principautés que pour le mieux maintenir en Pologne et en Suède ; nous eussions occupé la Moldovalaquie à sa place, et, en la mettant ainsi entre l'Italie et la Hongrie, protégées par nos armes, nous l'eussions tenue en respect et obligée à modérer ses velléités contre l'empire ottoman. L'eussions-nous acceptée au contraire ; dans ce cas, nous l'eussions mise au plus tôt en demeure d'agir et de manifester son efficacité, et nous ne lui eussions laissé occuper les Principautés que sur sa déclaration de ne rien tenter pour s'en ménager la possession par la violence du droit.

Quand, désespéré de l'inaction de la France et de l'Angleterre, nous étions convaincu, dès 1840, qu'il suffisait d'une alliance synallagmatique, fortement cimentée entre la Suède, la Prusse et la Turkie, pour mettre fin aux tentatives incessamment envahissantes de la Russie ; quand, dès lors, nous exprimions toute notre certitude de l'efficacité d'une telle alliance en termes assez expressifs, pour manifester notre désir de la voir se réaliser un instant plus tôt, combien plus, aujourd'hui que l'Angleterre et la France se sont enfin entendues pour venir au secours de la civilisation en péril, ne devons-nous pas tenir à l'alliance de la Prusse et de la Suède, qui nous sont si sympathiques, l'une par son principe fédératif, l'autre par ses sentiments libéraux? Pour obtenir celle de la Prusse, il nous eût fallu triompher préalablement des hésitations de famille, mais nous en fussions venu à bout, car nous sommes certain que le successeur du grand Frédéric tient moins qu'on ne le croit à sa parenté avec le tczar, et plus qu'on ne le pense à sa parenté avec son peuple, et nous eussions fait céder son égoïsme de famille à son patriotisme national par des avantages devant lesquels il n'aurait su reculer sans se déconsidérer complétement devant l'Allemagne entière.

Le peuple prussien est pour le progrès de l'Occident; c'est lui qui souffle sur l'Allemagne l'unité, l'homogénéité, la fédération nationale; l'alliance de la Prusse serait la ruine de l'empire d'Autriche ; en la contractant, la Prusse devrait se promettre de modifier, par un échange de territoire, sa configuration géographique, qui est vicieuse, et, par un remaniement de ses lois organiques, sa constitution, qui est incomplète.

L'opposition de l'Autriche ne serait nullement à craindre ; il y serait répondu par la reconstitution des nationalités polonaise, hongroise, lombarde, roumaine, et par la réunion des Slaves du sud en confédération.

La Prusse n'a pas moins que l'Angleterre et la France intérêt à soustraire la Turkie à la convoitise de la Russie et de l'Antriche ; en lui fournissant depuis 1830 d'excellents instructeurs pour ses armées, elle a suffisamment prouvé que, loin de lui être défavorable, elle ne voulait au contraire que lui être utile, et qu'au lieu de se refuser à l'admettre au bénéfice du droit des gens, elle ne demandait pas mieux que de la voir se rattacher à la république européenne.

D'ailleurs, l'esprit fédératif qui seul fait l'unité de l'Europe, et peut seul faire l'unité de l'Allemagne, est l'heureux esprit qui inspire la Prusse ; sa royauté, œuvre d'un grand homme, n'est pour le moment contraire au principe révolutionnaire de l'Angleterre et de la France, que parce que, de fraîche date en Allemagne, elle ne s'y sent pas encore assez bien assise et craint pour sa durée. C'est cette crainte qui depuis longtemps lui a fait oublier qu'elle est avec la Turkie, sur le continent, l'alliée la plus naturelle de la France contre les atteintes de la Russie et de l'Autriche ; c'est cet oubli qui l'a rendue depuis trop longtemps hostile à la France ; ce sont ces hostilités qui ont établi entre la France et elle une tradition de haine digne des mœurs féodales qu'elle a pourtant abjurées.

Cependant, la Prusse ne peut oublier qu'elle est doublement protestante, et en religion et en politique, rebelle à la fois au pape et à l'empereur ; elle ne peut oublier ce que l'ont faite et le grand Luther et Frédéric le Grand, réformiste et indépendante. Elle a trop de bon sens pour vouloir, comme l'Autriche, se perdre par le sophisme du droit divin en continuant de se nourrir du fol espoir de refaire un saint empire ; elle est au contraire trop intelligente du droit national et du progrès fédéral opéré en partie par la philosophie allemande pour viser à autre chose qu'à la reconstitution d'une Allemagne homogène, unitaire par l'anéantissement complet des principes féodaux qui en font la division et conséquemment la faiblesse.

Si, comme le peuple, le gouvernement de la Prusse eût été pour le progrès des libertés humaines, pour le principe fédératif, sans lequel il n'est point de nationalité allemande, s'il eût compris que son alliance avec l'Occident est seule capable d'élever à jamais la Prusse au-dessus de l'Autriche, de la mettre à jamais hors de la dépendance des tczars, de déterminer le rang positif, le poids réel de l'Allemagne qui, en l'état des choses, n'a qu'un rang idéal, un poids indéterminé, et de lui imprimer cet esprit initiateur par lequel se manifeste la puissance d'une nation, il y a longtemps que la Prusse, aidée de la philosophie française, serait à la tête de l'Allemagne.

Cependant, depuis 1830, l'Allemagne, réveillée de son long sommeil, veut sortir des langes d'un passé pendant lequel elle dormait trop, pour avoir conscience d'elle-même ; elle comprend aujourd'hui que la musique et les chansons ne mènent pas seules à la liberté ; elle sait ce qu'il lui faut ; elle aspire à secouer le joug qui pèse depuis si longtemps sur elle ; elle veut la liberté que la féodalité lui refuse et que lui procure la fédération ; elle veut médiatiser les princes et fédérer les peuples ; c'est sur ces principes que se fondent ses penseurs, c'est dans ces idées que grandit et mûrit sa jeunesse qui, calme et grave, réfléchie et douée d'une ténacité exemplaire, espère plus que jamais la réalisation prochaine de son unité nationale.

Profiter de ces heureuses dispositions d'un peuple aussi grand par le nombre de ses enfants que par les lumières de son génie, pour l'aider à entrer hardiment dans la voie du progrès social, est assurément, de la part de l'Angleterre et de la France, l'une des plus belles œuvres qu'elles puissent jamais entreprendre ; elle nous semble si bien suffire à elle seule à immortaliser ceux-là à qui en reviendra l'honneur, que nous, qui n'en avons point les chances, nous nous en sentons jaloux ; c'est que nous la croyons non-seulement praticable, mais facile avec la Prusse, et que cette alliance nous paraît d'autant plus simple qu'elle est plus naturelle. Peut-être la Prusse serait-elle amenée par ce fait à faire retour à la France des provinces rhénanes, qui n'ont d'allemand que la langue, mais elle s'en trouverait trop grandement dédommagée par les provinces allemandes de la Baltique, où elle trouverait ce qui lui manque sur le Rhin, des ports, pour ne pas revenir d'elle-même sur les traités de 1815, quand personne n'y tient plus.

Oui, une alliance contractée dans ce sens et basée sur le principe fédératif et unitaire de l'Allemagne, nous semble si facile avec la Prusse, que nous n'hésitons pas à croire, qu'à l'heure qu'il est, la Russie ne reculerait pas à la contracter à ce prix; et, comme pour nous donner raison, la Prusse accueille, par des réjouissances publiques, la nouvelle du traité unilatéral que la France et l'Angleterre viennent de conclure avec la Suède.

En temps de normalité politique, la Suède et la France furent toujours alliées; et, jusqu'à la fin du dix-neuvième siècle, la Suède se fit un devoir national et patriotique de combattre la Russie partout et toujours. Si, depuis soixante ans, la Suède a cessé de s'appuyer sur la France, et si la France a semblé ne plus tenir à l'alliance de la Suède, c'est, d'une part, que, roi de vieille souche, Gustave-Adolphe IV eut la folie, par peur de la révolution française, de se poser en vengeur de Louis XVI et de se déclarer l'ennemi de Napoléon ; et, d'autre part, que, bourgeois de la veille et tenant à faire oublier la roture de son nom et son origine révolutionnaire, Bernardotte, devenu Charles XIV Jean, crut se rehausser en acceptant l'ambitieuse tutelle du tczar Alexandre. Il en résulta que lorsque Charles XIII s'efforça de se rapprocher de la France, « Napoléon qui, avant « Tilsitt, voulait faire de la Suède une grande « puissance, qui attaquait le colosse qui pesait « sur elle, qui faisait la guerre à son éternel en- « nemi, » ne put plus rien pour elle, ni après Tilsitt, ni même après son triomphe de Wagram, auquel pourtant la Suède entière avait applaudi. Il en résulta qu'après avoir perdu la Finlande, convoitée, depuis 1742, par la tczarine Elisabeth, et conquise, en 1808, par le tczar Alexandre, elle dut se résigner à subir la tutelle que son roi s'était imposée, les affronts auxquels il l'avait mise en butte et les furtives usurpations de la Russie sur son territoire.

La Russie ne procède pas autrement au nord qu'au sud, envers la Suède qu'envers la Turkie, en Finlande qu'en Bessarabie. Ses envahissements, comme ceux de l'Autriche, s'y font sans bruit et ses conquêtes en silence. C'est sans bruit que, du quinzième au dix-septième siècle, elle envahit toute la côte norvégienne jusqu'à Kola ; c'est en silence que, pour s'assurer bientôt la possession du Finmark, elle fait transporter, au commencement de ce siècle, des maisons en bois dans la plupart des ports de cette contrée, pour permettre à ses pêcheurs, qui y ont passé l'été, d'y demeurer pendant l'hiver. En effet, en 1825, le tczar Alexandre exigeait du roi Charles-Jean l'abandon d'une étendue de cent lieues de côtes, dont la possession, sil eût été répondu à ses exigences, le rendait maître de tout le Finmark oriental et occidental ; et, le 14 mai 1826, le tczar Nicolas l'obligeait à accepter pour limite la petite rivière de Jacob, à l'ouest de Kola.

Si ce n'est pas sans quelque bruit qu'elle s'empara de la Finlande, c'est que, alors, allié de Napoléon, le tczar Alexandre n'avait plus rien à ménager et que la bravoure des Suédois et des Finlandais honnêtes lui disputa vaillamment cette terre que lui livraient des renégats et des transfuges.

Depuis quarante-six ans qu'elle est déclarée province russe, les tczars n'ont rien négligé pour la dénationaliser. Après avoir supprimé la représentation nationale qu'elle remplaça par un conseil, la Russie transforma ce conseil en un sénat impérial et donna droit aux Russes d'en faire partie en étendant l'éligibilité aux *naturalisés*; quand Ottelin et Erstrom ayant étudié sous son patronage, à Saint-Pétersbourg, et que, de retour en leur pays, ils y eurent publié leur grammaire russe, l'enseignement de la langue russe fut introduit dans les écoles. Le 14 décembre 1825, à la mort du tczar Alexandre, les autorités d'Abo furent tenues, par ukaze, de prêter serment d'abord au grand-duc Constantin, puis au grand-duc Nicolas; le 17 mars 1826, le tczar Nicolas, ingrat envers les Finlandais, dont un régiment l'avait sauvé lors de l'insurrection occasionnée par l'abdication de son frère, remplaça le comité finlandais séant à Pétersbourg par un secrétariat spécial. Peu après, défense est faite d'adresser aucune demande ou réclamation collective par voie de députation. En 1826, la transportation en Sibérie est appliquée aux hommes et aux femmes de la Finlande; le 13 novembre de cette année, Nicolas abroge la loi de

1812, qui sauvegardait les Finlandais des vols de sa soldatesque; aussi l'incendie d'Abo en 1827 ne fut-il, pour cette soldatesque, qu'une occasion de pillage, et pour le tczar celle d'en transférer l'université à Helsingfors, de spolier cette université de ses biens, d'en changer le nom en celui d'Alexandre et d'en vicier les statuts en y imposant, pour les étudiants, un règlement de caserne. Le 14 avril 1827, contrairement à la constitution, qui n'admet aux fonctions que des luthériens, un ukase du tczar étend cette prérogative à tous ceux du rit orthodoxe; comme il n'est si beaux-esprits qui ne se rencontrent, tandis que Shtirbéiu sollicite, pour la Moldovalaquie, l'application de la censure russe, le transfuge Ladau la réclame pour la Finlande, et obtient de l'y appliquer le 14 octobre 1829. En 1830, le tczar décide qu'aucune sentence des tribunaux finlandais, contre le clergé orthodoxe greco-russe, ne peut être appliquée, qu'aucun mariage mixte ne peut être célébré sans l'approbation et l'assentiment du saint synode; en 1837, il oblige les *landshofdings* finlandais à prendre la dénomination de gouverneurs; en 1851, il retire au sénat de Finlande son droit de contrôle sur ces gouverneurs, qui ne sont plus responsables que devant lui. Depuis le remplacement, en 1840, de la monnaie suédoise par la monnaie russe, les impôts fonciers ont doublé, et les impôts indirects dépassent de beaucoup ce qu'ils étaient sous les Suédois. Depuis le 12 juin 1841, l'étude de la langue russe est devenue obligatoire dans les écoles; le 4 mars 1845, les appointements des professeurs de cette langue sont augmentés, et, le 14 juillet, tout enseignement en cette langue jouit du même bénéfice. Par contre, défense est faite à tout Finlandais d'aller étudier en pays étranger avant l'âge de 18 ans, sous peine de perdre tout droit aux emplois publics; dans l'école militaire finoise, l'histoire et la géographie, contrefaites dans les vues de la Russie, ne sont plus enseignées qu'en langue russe.

Malgré toutes ces iniquités, si de trop nombreux négociants favorisés par des monopoles, si trop de nobles soutenus dans leurs vieux priviléges, si les prêtres, surtout, assurés, par la différence du culte, de n'être pas supplantés, se font les créatures serviles de la Russie, la masse des commerçants, les gens indépendants des villes, les professeurs, les artistes, les savants, à quelques exceptions près, la majorité des propriétaires et la généralité des cultivateurs ont conservé le sentiment de leur nationalité et leurs sympathies pour la Suède; la conquête n'est pour eux qu'une occupation, la domination leur fait regretter l'alliance, et ils ne désespèrent pas de pouvoir s'affranchir de la Russie et de se rattacher à la Suède.

C'est dans cet esprit qu'ils ont salué, par des applaudissements, l'insurrection des Hongrois, avec lesquels ils sont en affinité d'origine; c'est pour pousser à cette heureuse solution qu'ils ont propagé la traduction de *Guillaume Tell*, et si pour ces faits toute société littéraire ou scientifique leur est interdite, s'il leur est défendu de publier en leur langue tout autre livre que des livres de religion, s'il ne leur est plus permis de s'abonner et de souscrire qu'aux livres et aux journaux autorisés par le tczar, ils ne sont pas encore assez dépourvus de tout sentiment national, de toute énergie patriotique, pour ne pas sentir combien ils ont été dupes et pour ne pas profiter de la première occasion qui leur serait offerte de retourner à la Suède et d'être réintégrés dans leurs droits. Toutes ces atteintes portées à l'intégrité du territoire de la Suède ne sont rien en comparaison des attentats commis sur l'intégrité de sa souveraineté.

En 1821, le tczar Alexandre ne craint pas de menacer Charles-Jean de rompre avec lui, s'il se permet de vendre trois vieux vaisseaux de ligne qui végètent dans le port de Carlscrone aux républicains de l'Amérique du Sud; il ne se doute pas assurément que Nicolas, son frère, s'estimerait heureux, en 1854, de rechercher l'alliance des républicains de l'Amérique du Nord. En 1832, dans le renouvellement de son traité d'extradition, le tczar Nicolas l'obligea d'en étendre les clauses non-seulement aux réfugiés politiques, mais même aux serfs de Russie. La Suède, comme l'Angleterre et la France, étant un pays de liberté, le storthing, dans sa séance du 15 février 1854, appelle l'attention du gouvernement sur ce fait, qui compromettait si gravement la dignité nationale, et le comité ayant déclaré, dans ses conclusions, que le traité lui semblait dangereux pour la liberté civile et individuelle, garantie par les lois, et que les faits qui en avaient été la conséquence étaient autant d'outrages pour la nation, le storthing engageait le gouvernement à ne plus se laisser prendre aux piéges de la Russie et à mettre le traité d'accord avec les lois du pays, lorsque, après six ans, il serait appelé à le renouveler.

Toutes ces atteintes à l'intégrité de son territoire, tous ces attentats contre l'intégrité de sa souveraineté n'eussent été rien pour la Suède, si la faiblesse de Charles-Jean n'y eût prêté la main, car elle sait combattre et vaincre; mais il lui faut se résigner, et ne pouvant agir pour elle, se contenter d'acclamer, avec des transports d'enthousiasme, la révolution de Pologne, que Charles-Jean persécute dans les réfugiés; aussi, quand cette année, par condescendance pour le tczar, le quatrième fils de Charles-Jean reçoit nom *Nicolas*, les étudiants d'Upsal le pendent-ils en effigie à travers la rue et l'accablent-ils de pierres et de boue.

Si Oscar Ier, son fils aîné et son successeur, pouvait ne pas s'effrayer, comme Gustave-Adolphe, des révolutions que nécessitent les mauvais gouvernements ; si, fort de sa conscience, il pouvait comprendre que la Suède n'a réellement appelé son père à la gouverner, que parce qu'elle a cru voir en lui le Français le plus apte à rétablir l'alliance qui aurait toujours dû exister entre elle et la France; s'il voulait bien croire que la France n'a jamais confondu avec ces rois, qui les ont compromis, la loyale nation suédoise et les braves Suédois qui, pendant des siècles, ses alliés fidèles, furent appelés, à juste titre, les Français du Nord; s'il se rappelait que Napoléon lui-même ne les a combattus qu'à contre-cœur et abandonnés qu'avec regret (1), il aurait à cœur de changer en contrat synallagmatique la convention unilatérale qu'il vient de signer avec la France, car il sentirait qu'il lui faut agir pour détacher la Finlande de la Russie, que c'est les armes à la main qu'il la lui doit réclamer, qu'il doit profiter des circonstances pour la relier à la Suède et qu'il n'en peut trouver de plus favorable pour renouer avec la Turkie, son alliée la

(1) *Moniteur*, 14 août 1804.

plus naturelle, son alliance offensive et défensive, malheureusement rompue depuis Charles XII.

Si, de leur côté, la France et l'Angleterre voulaient bien considérer que le Finmark serait pour la Russie au nord ce que lui est la Crimée au sud; que ses fiords ou golfes sont pour elle des parages où la pêche lui a déjà formé d'habiles matelots et créé une marine de plus de quatre cents bâtiments construits de manière à pouvoir transporter des troupes et un matériel de guerre ; que la température de cette contrée septentrionale, plus douce que celle des côtes méridionales de la Baltique, lui permet d'y entrer et d'en sortir en toute saison ; qu'une expédition habilement conduite d'Archangel et d'Abo, avec jonction sur Alten, pourrait, avec dix mille hommes et une grosse artillerie, s'en emparer facilement et faire du golfe d'Alten, avec ses trois entrées, un port plus vaste que Sévastopol même et d'autant plus formidable pour l'Occident, qu'ouvrant sur l'Océan et non sur une mer intérieure, ses flottes en sortiraient sans entraves ; si, disons-nous, la France et l'Angleterre voulaient bien considérer la justesse de ces prévisions, les quatre garanties ne leur sembleraient plus qu'un palliatif; elles chercheraient un remède salutaire, efficace, et, pour empêcher la Russie de se déverser sur l'Europe et d'y renouveler les invasions normandes, elles comprendraient qu'il ne leur suffit pas de lui barrer le passage du Danube et du Bosphore; de limiter sa flotte dans la mer Noire et de lui faire restituer la Bessarabie, mais qu'il leur faut aussi lui fermer les Belt et le Sund, limiter sa flotte dans la Baltique et l'obliger à restituer à la Suède tout le Finmark jusqu'à la mer Blanche et toute la Finlande jusqu'à la côte méridionale du golfe de Bothnie.

D'ailleurs, la France et l'Angleterre ne doivent pas perdre de vue le sentiment de nationalité que l'esprit de Dieu a réveillé dans le cœur de tous les peuples, et elles doivent d'autant moins hésiter à lui faire porter ses fruits, qu'elles le peuvent sans anarchie, sans guerre civile, en dirigeant la guerre et en la généralisant; alors, comme nous l'avons dit, d'un côté, que la Hongrie, avec les Ruthènes, les Slovaques, les Vendes, les Bulgares, les Sziklers; que la Sclavonie, avec les Croats, les Serbes, les Bosniaques, les Rasciens; que la Roumanie, avec les Transylvains, les Bucovinois, les Banatiens, les Bessarabiens, les Moldaves, les Valaques; que la Pologne, avec la Gallicie, la Bohême, la Lithuanie; que la Suède, avec la Norvége, le Finmark, la Finlande et le Danemark, soient constituées en nationalités; que ces cinq nationalités de Scandinavie, de Pologne, de Hongrie, de Roumanie et de Slavie s'unissent en confédération, et l'Europe n'a plus rien à craindre des envahissements de la Russie; que toute nation soit respectivement une, que toute affinité se rapproche, que toute identité s'unisse, que la conquête de l'une par l'autre soit à l'avenir une violation du droit des gens, et la paix est assurée. Jusque-là, libre aux Grecs de voir un Agamennon dans le tczar, un Ménélas dans Mentchikof, un Achille dans Gordschakof, un Ulysse dans Nashimof; pour nous, nous ne verrons jamais dans ces personnages qu'un Priam aveugle, un Pâris suffisant, un Hector fanfaron, un Sinon perfide, et nous affirmons que la guerre ne finira effectivement que, comme a fini celle de Troie, par la satisfaction la plus complète donnée à la civilisation, par la chûte des deux arcs-boutants du despotisme, par la fédération des affinités nationales, par l'union des identités populaires, par le triomphe des nationalités, par la transfiguration de l'Europe à l'image de l'Angleterre et de la France; car, jusque-là, toute paix ne sera qu'une trève, et toute trève du temps perdu pour l'alliance anglo-française, et du temps gagné pour la coalition qu'elle couve.

IV

Quiconque ayant la moindre connaissance historique et le moindre sentiment des choses d'ici-bas voudra jeter les yeux sur la carte de l'Europe et les arrêter entre les 42e et 48e degrés de latitude nord et les 18e et 20e degrés de latitude est, ne pourra s'empêcher de se demander comment il se peut que, jusqu'au dix-neuvième siècle, la science se soit si peu occupée de cette contrée, qu'elle n'y ait rien trouvé, dans une circonférence de trois cent trente-deux lieues, de Belgrade à Akerman et de Georgéo à Suciada, qu'une plante, la *moldavique?* A la vue de cette magnifique contrée, qui, pour ceinture, a trois courants majestueux, le Thiss, le Dniester et le Danube; pour robe, la verdure des trois riantes vallées du Banat, de Bessarabie et la Valaquie; pour couronne et pour diadème, un triple rang de coteaux ardus, de hauts mamelons et de monts altiers, dont font leurs noms les Ardialiens, les Moldaves et les Mountènes, il s'étonnera que la diplomatie ait pu pousser l'insouciance jusqu'à ne vouloir pas même se donner la peine d'en connaître les hommes et les choses.

Ami de la justice et de la paix, avide de les voir venir, désireux d'en établir le règne, épouvanté des dangers dont l'élément slave menace l'Europe, et principalement ses peuples de langue latine, il se rassurera à la vue de cette contrée dacique qu'habite tout un peuple de Romains; il se sentira pénétré d'une idée féconde et salutaire, capable, à elle seule, d'annihiler toute tentative de la barbarie contre la civilisation; il pensera à ne faire qu'un seul Etat des six grandes provinces d'*amont* et d'*aval* de cette contrée, à ne former qu'un peuple des six grandes familles de *montagnards* et de *Valaques* qui l'occupent; cette idée est, en effet, si vraie et si juste, elle se présente avec tant d'évidence et manifeste si bien la possibilité de sa réalisation, que, dans l'antiquité, les empereurs romains en firent, après Trajan, l'un des pivots de leur politique; c'est dans ce but que Trajan, pour assurer la tranquillité de l'empire, entreprit la conquête de la Dacie, et que, après l'avoir soumise à ses armes, il en fit un rempart contre les barbares en leur opposant l'homogénéité politique des innombrables peuplades qu'il y envoya de tout le monde romain pour la coloniser.

Représentantes aujourd'hui des grandes pensées de la civilisation des peuples, la France et l'Angleterre ne se sentiraient-elles donc ni la vertu ni la force de reprendre en sous-œuvre la politique du grand empereur ? Et aujourd'hui que le danger n'est pas moins grand qu'autrefois, manqueraient-elles d'habileté au point de ne savoir pas reconstruire cette digue qu'il avait élevée contre le torrent des barbares. Qu'elles y songent cependant; si les Slaves du nord venaient jamais à se donner la main avec les Slaves du sud, ou si, pour germaniser les Slaves du sud, l'Autriche venait, au contraire, à slavoniser les Allemands du nord, c'en serait fait encore une fois du monde romain; il serait encore une fois submergé sous les laves sanglantes de la féodalité septentrionale. Les peuplades slaves, pénétrant dans les larges vallées du Dniester, du Thiss et du Danube, ne s'y arrêteraient, comme jadis, que pour reprendre haleine et tomber sur l'Occident. C'est parce que la nécessité d'y construire une digue capable d'arrêter toute invasion nous semble être, pour l'Angleterre, l'une des trois garanties les plus sûres de la paix, que, fort du passé, nous allons semer ici les germes du nouvel avenir que doit lui préparer l'Occident dans son propre intérêt.

La Porte ottomane, de concert avec les puissances alliées, a proclamé solennellement, dans tous ses actes, au début de la question, le maintien intact des droits et des priviléges des Principautés du Danube.

Les plus anciens et les plus essentiels de ces droits sont l'élection du prince et la législation du droit conférées au vote des assemblées générales ordinaires et extraordinaires.

Certains publicistes se sont gravement trompés en affirmant que ces assemblées ne datent que du traité d'Andrinople (1829), qu'elles ne sont que l'accomplissement de promesses faites par la convention d'Akerman (1825), en réponse aux demandes que les Moldovalaques auraient alors formulées sur les insinuations de M. de Nesselrode.

Pour dissiper une telle erreur, il suffit de faire observer qu'un despote comme le tczar ne se fût jamais prêté volontiers à conférer le droit électoral représentatif des gouvernements constitutionnels à des pays limitrophes, sur lesquels, depuis cinquante ans déjà, par les traités de Koutchouk-Kaïnardji (juillet 1774), de Iassi (décembre 1791) et de Bucarest (1812), il s'était arrogé furtivement le droit de protecteur; mais en admettant qu'il s'y soit prêté malgré lui, autant par déférence craintive envers la révolution de 1830, que par amende honorable envers la Pologne, qu'il venait d'écraser, toujours est-il qu'il n'y a consenti que comme à la reconnaissance d'un droit non-seulement existant, mais remontant à l'origine même des Principautés.

Sans retracer l'histoire de ce droit, que les Roumains ont défendu pendant cinq siècles, sans rapporter les actes qu'il a produits, actes jetés avec leurs archives dans les oubliettes de Moscou, nous affirmerons, qu'après avoir réuni les Roumains établis sur leur territoire et divisés en communes et municipalités, formant chacune une petite république, à l'instar de celles d'Italie, après avoir expulsé les Comans et les Nogaïs et érigé leurs deux pays en voïvodies ou duchés, Rodolphe le Noir, en 1241, et Bogdan Dragos, en 1332, conclurent une convention en vertu de laquelle tous les fonctionnaires de la branche judiciaire et municipale, juges, maires et jurés, durent être élus, *comme par le passé*, dans le sein des municipalités et des communes. Le prince, en sa qualité de voïvod (*belli dux*) et de chef du pouvoir exécutif, ne nommait que les employés de son ressort, savoir : les capitaines de mille et de cent et les chefs civils des judetse (départements, districts ou juridictions).

Le droit de faire les lois, de régler l'impôt et d'élire les ducs, les métropolitains et les évêques était dévolu à une assemblée générale extraordinaire, composée des deux chefs militaire et civil de chaque district, des trois juges de chaque municipalité, du maire et des douze jurés de chaque commune, du métropolitain et des deux ou trois évêques des diocèses, et des soixante à quatre-vingts igomènes des couvents.

C'est cette assemblée, longtemps suspendue, souvent faussée dans sa forme, toujours maintenue en principe, qu'a rétabli, tant bien que mal, le traité d'Andrinople et qu'a fait abroger, en 1846, l'ineptie de Mr Georges Bibesco, alors hospodar.

Tout en introduisant dans son pays les rangs des cours de Byzance et de Pologne, le prince Alexandre le Bon les réglementa de telle sorte que les fonctionnaires en activité avaient seuls le droit de porter le titre de leur emploi et que, une fois hors de service, ils n'en avaient plus le droit et rentraient dans cette classe appelée aujourd'hui *mazile*, mot turc qui signifie licencié, déposé, hors de service. Ces titres ne constituaient nullement une noblesse; les fils ne les héritaient pas de leur père, et les fils même du prince n'étaient pas plus princes que les fils du boïar n'étaient eux-mêmes boïars; mais quiconque a ou avait servi la municipalité ou la commune, l'administration ou l'armée, l'Etat ou l'Église, dans les fonctions de maire, de juré, de juge, d'abbé, de curé, de gouverneur civil ou militaire, de capitaine de mille ou de cent était membre de l'assemblée générale ordinaire ou extraordinaire. Les actes de cette assemblée étaient une sanction si puissante, que, à de rares exceptions près, les ambitieux qui, à l'aide de la Hongrie ou de la Pologne, se faisaient jour au trône, les armes à la main, n'avaient rien de plus pressé que de faire valider leur usurpation par son vote. Ce n'est que depuis que la Porte a commencé à nommer directement, pour hospodars, les Grecs du Phanar, ses drogmans, que ceux qui ont administré ces provinces se sont passés de cette sanction, au mépris des traités de Mârcea et de Vlad, de Bogdan et de Pierre Rarès.

(Ces traités, qui sont de l'histoire, et les monuments qui lui restent, suffisent à la Moldovalaquie pour attester qu'elle fut le séjour d'un peuple brave, le théâtre des plus beaux faits d'armes, qu'elle a eu ses jours de prospérité et de gloire, et que les Roumains, longtemps heureux dans la guerre et généralement doués des douces vertus de la paix, ne sont pas indignes de l'heureux avenir que l'Occident prépare à leur pays.)

La première atteinte portée à leur pouvoir législatif fut la nomination des drogmans de la Porte à l'hospodarat, au commencement du dix-huitième siècle. Ce sont eux qui ont désarmé le pays, avili la boïarie, spolié les familles, ruiné le cultivateur et démoralisé la nation. C'est sous leur régime que les communes ont cessé d'élire leurs magistrats, et que les intérêts municipaux sont devenus du ressort du pouvoir exécutif (1); c'est sous leur régime que les assemblées en vinrent à ne plus être composées que des hauts dignitaires, au choix arbitraire du prince; c'est sous leur régime que la Moldavie a perdu la moitié d'elle-même, la Bessarabie et le Budjak, que chaque nuit l'Autriche a reculé frauduleusement ses frontières sur la Bucovine, jusqu'à ce qu'elle se la fût fait céder; c'est sous leur régime que les monastères les plus riches du pays ont été soumis aux communautés et aux patriarches grecs; c'est sous leur régime que la Moldovalaquie a éte mise à feu et à sang par les hétairistes Ypsilanti, Cantacuzène et Soutzo; c'est à cause de l'infidélité de ses délégués, justement appelés, d'après nous, par M. de Nesselrode, les *fermiers* du fisc ottoman, que le sultan Mahmoud qui, en 1818, avait, par firman, accordé le droit à l'hospodarat aux deux seules familles des Soutzo et des Callimachi, le leur retira et en fit retour aux indigènes.

La seconde atteinte portée au droit de l'assemblée fut la confection du règlement organique qui, élaborée sous l'influence de l'occupation militaire et la présidence du consul de Russie, fait dépendre l'éligibilité des députés de la capitale des hautes dignités des candidats et de la faveur des

(1) V. Wilkinson.

princes, et qui, par son amendement à l'art. 435, annule l'indépendance de l'assemblée en l'empêchant de rien modifier sans l'autorisation spéciale de la Porte et l'assentiment de la Russie.

La troisième atteinte a eu lieu en 1849, par la convention de Balta-Liman, alors que, sous le prétexte du mouvement pacifique et civilisateur de 1848, la Russie occupant les Principautés, les assemblées, quoique abrogées depuis 1846, furent remplacées par des divans *ad hoc*, comme en châtiment de n'avoir pas su prévenir le mouvement. Ces divans sont une innovation d'autant plus ridicule que, composés des ministres et des chefs de départements, ils n'en sont que plus arbitraires, étant à la fois et pouvoir judiciaire et pouvoir exécutif. Cependant la Turkie reconnaît et établit virtuellement l'indépendance et l'autonomie de la Moldovalaquie, et le sultan ne s'y réserve qu'un simple droit de suprématie ou de suzeraineté. Cela est si vrai, que dans le traité de Kutchuk-Kaïnardji, les princes de ces deux provinces y sont traités de *souverains;* cela est si vrai, qu'à l'instar des autres souverains, ils s'intitulent encore l'une et l'autre : par la grâce de Dieu, prince régnant de Moldavie ou de Valaquie; cela est si vrai que, si, en fait, le pays a perdu son autonomie, il l'a sauvé nominalement et le possède en droit; car le règlement imposé par la Russie, mais méconnu des autres puissances, étant nul, l'article 435 s'efface naturellement avec lui.

Ainsi, pour avoir été violentée par l'arbitraire de la Porte, viciée par la tyrannie des parvenus du Phanar, étouffée par le despotisme du protectorat moscovite, l'autonomie de la Moldovalaquie n'en a pas moins existé, sinon de fait, du moins de nom, sinon au fond, du moins dans la forme et toujours de droit. L'existence politique des Principautés est donc une réalité vivante ; et il ne serait pas moins injuste de la méconnaître qu'inhabile de ne lui en pas tenir compte.

Abandonner un peuple, soit parce que, affaibli par une lutte de quatre siècles, il ne décèle plus assez d'énergie, soit parce que, démoralisé par cent quarante ans d'un régime odieux à l'excès, il n'a pas pris les armes toutes les fois que ses voisins l'ont envahi, serait aussi peu généreux de la part de l'Angleterre et de la France, qu'il a été perfide de la part de l'Autriche de le rendre au *statu quo* d'avant la guerre, pour achever d'annihiler son énergie et l'empêcher de prendre les armes, alors qu'il le voulait et le pouvait, afin de le frapper de mésestime et d'abandon.

Cependant l'esprit démocratique est inné en Roumanie ; il a présidé à la fondation des Principautés moldovalaques ; il y est même tellement inhérent à l'origine latine de ses habitants, qu'après avoir été comprimé par les Phanariotes qui l'asservirent, il n'en est pas moins sorti pur de toutes les monstrueuses iniquités que, depuis cent quarante ans, ces fermiers du fisc ottoman ont fait peser sur lui pour l'empêcher de se raviver. Ce qu'il y a de certain, c'est que, sous le consulat de Bonaparte, ils font un appel direct à ses sympathies. Ghika, Ban de Craïova, Préda, dit Brancovan, et Charles Campiniano, grands boïars de Valaquie; Beldiman, Catardji et Stourdza, grands boïars de Moldavie, transmettent, à Vienne, au premier consul, une adresse collective, dans laquelle ils lui demandent avec instance l'appui de la France pour constituer leur pays en république, ce qui pour eux n'était pas autre chose que d'en ramener les institutions au principe de leur origine. Mais la pensée de Bonaparte était distraite par d'autres soins; d'ailleurs, il ne connaissait pas les Moldovalaques; peut-être même les confondait-il avec leurs hospodars phanariotes; dans tous les cas, leur appel devint ce que deviennent les pétitions des infortunés qui implorent, ce que sont devenus les appels de Manin et de Cossuth, des sons perdus dans le tumulte, des voix sans écho dans le désert. Quand, plus tard, élevé à l'empire, Napoléon eut repris sur la Russie, à Constantinople, l'influence qui appartenait à la France, les Roumains, qui furent des premiers à s'en réjouir, regrettèrent cependant que le général Sébastiani, son ambassadeur, eût utilisé cette influenee à leur imposer pour hospodars A. Soutzo, qui, petit-fils d'un colporteur d'écheveaux de soie, se prétendit le propriétaire de la ville de Tirgovist, ancienne capitale des Valaques, et Ch. Callimachi, qui, se faisant une autorité d'Aristote, sanctionnait et légalisait l'esclavage en affirmant, en tête de son code, qu'il y a quatre manières de classer les hommes : en nobles libres, eslaves, affranchis, selon le rang, la fortune, la naissance, le hasard; ils le regrettèrent d'autant plus que, Ypsilanti et Mourouz qu'ils remplacèrent, s'en vengèrent bientôt sur le pays : l'un, en établissant en Russie le siége de l'hétairie, dont, quinze ans après, son fils fut le chef; l'autre, en livrant, en 1812, la Bessarabie aux Russes. Cet esprit démocratique des Roumains se manifeste même tellement par leur langue, qu'il porte qui la connaît à admirer leur constance opiniâtre dans le sentiment de leur origine, sentiment qui les a maintenus seuls, parmi les nationalités de langue latine, dans les principes de l'éducation romaine, du parler latin. En effet, ils ne s'adressent pas à Dieu, au chef de l'Etat, aux grands, aux riches, autrement qu'aux plus pauvres et aux plus faibles des hommes, par le tutoiement : Notre père, qui es aux cieux. — Comment te portes-tu, altesse? Que fais-tu, monsieur? Où vas-tu, madame? Le souvenir de Tarquin leur a inspiré un tel mépris pour le mot *rex*, qu'ils expriment : coquin par roi de la vieille cour, gueux par roi et demi, routier par roi sans bornes, pendard par roi à pendre; d'où il suit qu'un peuple de rois serait pour eux un peuple sans cœur, sans conscience, sans foi ni loi, sans feu ni lieu, un peuple de déguenillés et de sans-culottes, un peuple de Bohémiens. Aussi est-ce précisément pour que les Bohémiens cessent d'être un tel peuple qu'ils les ont affranchis. D'ailleurs, dans leurs livres sacrés, Dieu n'est pas le roi, mais l'empereur du ciel et de la terre, et le livre biblique des rois s'appelle le Livre des Empereurs; car, pour eux, tandis que le roi n'est que le régisseur d'une aristocratie vouée à l'absolutisme et le régulateur d'une plèbe vouée à la servitude, l'empereur est le chef militaire d'une démocratie indépendante, douée du libre arbitre et vouée au libre examen.

D'ailleurs, dans leur mouvement de 1848, ils n'ont exercé ni représailles ni vengeances, ils n'ont ni incendié ni pillé; ils n'ont point versé de sang, ils n'ont pas même déversé de colère; ils n'ont fait ni une révolte ni une insurrection; loin de là, ils ont opéré une révolution; ils ont accompli leur résurrection, et, revenus de la mort à la vie, ils se sont embrassés dans la joie, ils se sont bénis en frères; et le boïar, en élevant le peuple jusqu'à lui, n'a pas voulu autre chose que de n'être plus désormais que le citoyen d'une nation essentiellement démocratique.

C'est ce qui ressort parfaitement des vingt-deux articles de cette constitution, que le versatile Bibesco avait promis de sanctionner, et que, par peur du consul russe, il laissa lâchement tomber de ses mains, après l'avoir signée :

1° Indépendance législative et administrative, fondée sur les traités de Mârcea et de Vlad.

2° Egalité des droits politiques et civils.

3° Contribution générale sans privilége.

4° Assemblée générale, composée de représentants pris dans toutes les classes de la société.

5° Responsabilité du chef de l'Etat, élu pour cinq ans et éligible dans toutes les classes de la société.

6° Diminution de la liste civile.

7° Responsabilité des ministres et des fonctionnaires.

8° Liberté de la presse.

9° Décernement des récompenses par l'assemblée au nom de la patrie.

10° Droit pour chaque district d'élire ses administrateurs.

11° Organisation d'une garde nationale.

12° Emancipation des monastères dédiés aux Saints-Lieux et leur retour à l'Etat.

13° Emancipation des paysans de la *claca*, dégénérée en corvée, et droit pour eux de posséder moyennant indemnité.

14° Abolition complète de l'esclavage des Sigans (Bohémiens), moyennant indemnité.

15° Un représentant de la nation à Constantinople, pris parmi les Roumains.

16° Instruction égale et gratuite pour tous les Roumains des deux sexes.

17° Abolition des titres sans fonctions.

18° Abolition des peines corporelles et dégradantes.

19° Abolition de la peine de mort.

20° Création d'établissements pénitentiaires.

21° Emancipation des israélites et égalité politique pour les citoyens de toute religion.

22° Convocation immédiate d'une assemblée générale représentant toutes les classes et chargée de rédiger les lois organiques sur les bases de ces vingt-deux articles, décrétés par le peuple roumain.

Si l'on fait attention que la Roumanie est autonome, que sans l'égalité civile et politique Bibesco et Shtirbéiu, petits-fils de maquignon, n'ayant pu être boïars, n'eussent jamais été hospodars; si l'on considère ce qui s'est toujours fait, et les signatures apposées aux actes des assemblées générales; si l'on se rappelle que ce n'est que depuis vingt ans, depuis le règlement imposé par les Russes, que le prince ne peut être élu que par les boïars, et parmi les grands boïars; qu'en effet, Rodolphe le Grand, d'Afumatz, était un simple particulier; Pierre Rarès, un pauvre pêcheur; Constantin Cantimir, un modeste serdar; si l'on songe que la liste civile actuelle est égale au dixième du budget; qu'il n'a jamais existé de loi sur la presse; qu'il n'est en Roumanie aucun insigne distinctif; que les récompenses n'y peuvent être qu'en argent ou en terre; si l'on se souvient que toute commune, que toute municipalité élisait jadis ses juges, ses maires, ses jurés; que la Roumanie avait eu de tout temps ses caminareï et ses clucereï pour gardes civiques; que les monastères n'ont été fondés par les ancêtres que pour perpétuer leur souvenir par des œuvres pies, servir d'asile aux pauvres, aux vieillards, aux infirmes, éduquer, instruire et doter les orphelins; que la *claca*, naguère un secours donné, un service rendu et le sujet d'une fête de bienfaisance, n'a dégénéré définitivement en corvée que depuis 1818, sous le ragusain Caradja; si l'on est assez juste pour convenir qu'il est plus naturel de faire représenter le pays par un indigène plutôt que par un phanariote; si l'on n'a pas oublié que les noms des fonctions n'ont commencé à servir de titres nobiliaires aux fonctionnaires que depuis les fermiers du Phanar, qui en faisaient trafic; si, depuis G. Ghika, de Valaquie, il n'a pas été possible de trouver un bourreau, même parmi les criminels, on se demandera où est le communisme dont la Russie a fait si grand bruit, que l'Autriche s'en est fait volontiers l'écho; on se demandera où sont ces imitations des idées nouvelles, ces usurpations de nouveaux droits dont on accuse le mouvement de 1848, et l'on s'avouera qu'il n'y a dans ces vingt-deux articles rien de neuf que l'affranchissement des esclaves, rien d'imité et moins encore d'usurpé, puisque tout y est renouvelé de la constitution fondamentale des Principautés.

Maintenant que par cet acte civilisateur la Roumanie a fait comprendre le sens de son mouvement de 1848, en le montrant sous son jour vrai, que les gouvernements de France et d'Angleterre ne peuvent qu'applaudir à cet acte, qui témoigne au moins de sa vitalité; maintenant que, appréciés à leur juste valeur, les hommes de ce mouvement, loin d'être, aux yeux des cabinets de Paris et de Londres, des va-nu-pieds, des partageux, des communistes, des perturbateurs, ainsi que l'ont répété à satiété la Russie et l'Autriche, sont connus, au contraire, pour l'élite du pays, pour des hommes voués énergiquement aux principes progressifs de l'Occident, et qui ont mieux mérité de leur patrie que l'exil; maintenant que la Roumanie qui, depuis 1840, s'était révélée à elle-même, s'est enfin noblement révélée à l'Europe par son généreux revirement de 1848, vers son antique constitution, si remarquablement en harmonie avec la philosophie du siècle; maintenant qu'elle s'est montrée digne d'être reconstituée sur le double principe du droit politique et du droit de l'histoire, comme le noyau d'un Etat que l'avenir doit grossir, comme le germe d'une nationalité déjà forte de plus de huit millions d'âmes, où les communes sont des communes, en ce sens que chacun, en effet, y a sa part du sol, où la noblesse de blason n'a jamais existé, où la noblesse de rang est personnelle et viagère, où l'égalité civile et politique est légale; maintenant, disons-nous, nous allons faire comprendre la nécessité de la constituer pour elle et pour l'Occident en un Etat fort et indépendant.

Si l'on se rappelle ce qui s'est passé aux conférences de Vienne, l'on peut affirmer que le troisième point des propositions reconnues, par l'Angleterre et la France, comme indispensables à la paix, ne présentant de garantie à l'intégrité de l'empire ottoman que d'un seul côté, du côté de la mer Noire, est tout à fait insuffisante à assurer l'équilibre européen. Les cabinets de France et d'Angleterre l'ont heureusement compris à temps; ils ont compris que, privée de tout port et de toute marine militaire dans l'Euxin, la Russie n'en serait pas moins toujours à même, en choisissant son heure, de marcher sur Constantinople, en franchissant le Pruth, le Danube et les Balkans, et, à l'aide des Serviens et des Bulgares, d'aller camper sous ses murs et de les battre en brèche avant même que l'Europe n'ait eu le temps, pour ainsi dire, d'en lire la nouvelle.

Qu'on ne se fasse donc point illusion : tant que la Russie ne sera point reculée au delà des frontières qu'elle s'est données du côté de la Turkie, elle ne perdra pas de vue Constantinople, et l'anxiété qui s'empare de l'Europe, à chacune de ses démonstrations du côté de l'Orient, ne pourra cesser qu'à la condition d'anéantir complétement ses rapports avec les provinces danubiennes. Là est la question, toute la question. C'est par les Principautés qu'elle peut aller de plain-pied à Constantinople ; c'est donc surtout sur les Principautés que l'Europe doit porter toute son attention, si elle ne veut pas se voir obligée d'enregistrer un jour ou l'autre le triomphe de la Russie parmi ces nombreuses maladresses de la diplomatie connues, depuis MM. Thiers et Guizot, sous le nom de faits accomplis. Devant un péril si imminent depuis plus d'un demi-siècle, il nous semble absolument nécessaire que les puissances occidentales en finissent une fois pour toutes avec les exécuteurs du testament de Pierre ; il est urgent qu'elles rendent impossible le retour de ces bourrasques qui, tous les dix ou quinze ans, troublent l'Europe, gênent l'industrie, entravent le commerce et font en tout obstacle au progrès. Pour les annihiler, il leur faut élever en Orient une barrière contre la barbarie ; il la leur faut d'autant plus haute et solide que l'ambition du barbare est plus hostile et le danger plus imminent ; et la constitution d'un Etat neutre entre la Russie, la Turkie et l'Autriche, nous semble la meilleure. Cet Etat se composerait d'abord de la Valaquie, de la Moldavie et de la Bessarabie, avec l'espoir que le temps pourrait y réannexer la Bucovine, la Transylvanie et le Banat.

La nécessité de cet Etat neutre une fois démontrée, il reste à savoir si les puissances occidentales le considéreront comme vassal ou indépendant, et, dans l'un ou l'autre cas, qu'elle sera sa forme de gouvernement.

Réannexer la Bessarabie aux Principautés du Danube, dont elle est partie intégrante, pour en former un tout sous la suzeraineté de la Porte, avec un vice-roi électif choisi parmi les indigènes, ce serait assurément respecter les droits du pays et de la Turkie et n'attenter en rien à l'intégrité de l'empire ottoman; mais un tel Etat n'enlèverait à la Russie aucun de ses moyens d'action sur la Porte, et malgré la protection collective dont il serait couvert, la Russie ne tarderait pas à y devenir assez forte par sa simple influence de voisinage pour, avec le temps, s'adjuger la suprématie sur cette protection et demeurer, comme par le passé, la maîtresse déguisée du pays.

Le projet de la neutralisation des provinces constituées, en un seul Etat indépendant, nous semble une idée d'autant plus heureuse, que, en affermissant la paix, elle éloigne à jamais le danger de toute agression de la Russie contre Constantinople. Reconnu solennellement par un pacte collectif entre les grandes puissances, ce nouvel Etat, égal en superficie à la Suisse, à la Belgique et au Portugal, et en population aux royaumes de Bavière, de Suède, de Norvége et des Deux-Siciles, serait l'avant-garde de la civilisation en Orient, les Thermopyles contre lesquels viendrait se briser toute tentative des Slaves du nord, contre la latinité de l'Occident; mais qu'elle serait l'organisation politique de cet Etat neutre et indépendant? Le chef en serait-il électif ou héréditaire? serait-il indigène ou étranger? duc ou roi? choisi parmi les familles du pays ou parmi les princes de maison souveraine?

Ce sont les questions qui, dans les Principautés, occupent aujourd'hui les esprits, réveillent les passions et agitent les partis. Les uns, à la vue de la misère séculaire du pays, ne voient de base solide à son avenir que dans son existence politique et l'établissement d'une dynastie héréditaire, sans s'inquiéter si cette hérédité est ou non contraire au principe fondamental de l'une et de l'autre des Principautés; les autres, au contraire, appuyés sur le principe, guidés par le passé et s'imaginant que l'importance attachée à la position géographique de la Moldovalaquie et la rivalité des Etats voisins suffisent à son salut, se contentent de son autonomie, se complaisent dans le vasselage, vont au-devant de la suzeraineté et préfèrent un prince indigène. Ces derniers combattent l'idée d'un prince étranger par des arguments tirés de l'histoire : on a vu, disent-ils, non-seulement plus d'un royaume grand et puissant étayé d'une longue série d'alliances et de traités, effacé cependant du registre des Etats, mais aussi des dynasties héréditaires tomber et s'éteindre loin du trône, bien que liées de parenté avec tous les souverains, tandis que les Principautés contemporaines de ces royaumes ont du moins conservé leur modeste existence; et ils montrent du doigt, en exemple, la Pologne, la Bohême, la Suède, la France elle-même, la dynastie des Wasa et des Bourbons ; et nous sommes de leur avis. D'une part, ils pensent que le suzerain n'accepte volontiers ni une dynastie pour vassale, ni l'hérédité pour ses vassaux, et, d'autre part, qu'un prince de maison suzeraine et héréditaire ne saurait se reconnaître vassal sans déroger et sans que la Porte n'eût le droit de s'en méfier ; d'ailleurs, selon eux, la Moldova-laquie, pays agricole, ne suffit pas à couvrir les frais d'une royauté qui vit d'apanages ; ils ne croient pas qu'une dynastie étrangère soit seule capable d'écarter les intrigues des nombreux boïars qui visent à l'hospodarat ; ils croient, au contraire, que l'hospodarat viager suffit avec la responsabilité des ministres pour couper court à leurs intrigues et assurer la paix au pays. Les premiers, qui caressent l'idée d'un prince étranger, se fondent sur la faiblesse, l'incurie, le favoritisme des princes indigènes, sur la misère des deux siècles qui viennent de s'écouler, sur les haines de famille qui l'ont produite et perpétuée, sur le bon plaisir des princes toujours changeant et toujours changés, sur les prétentions des Phanariotes Mavrocordato, Caradja, Mourouz, Hangerli, Ypsilanti, Soutzo et Callimachi qui, en moins de vingt-neuf ans, leur ont donné quatorze hospodars et enlevé plus de 500 millions de francs ; sans désespérer des progrès que promet à la Turkie l'application du Tanzimat, et sans trop s'effrayer pour eux du sort fait à la Grèce par un roi de sang allemand, ils veulent un prince étranger, mais, comme eux, de race latine ou wallo-latine, Anglais ou Français, Piémontais ou Belge.

Selon eux, choisir le chef de l'Etat parmi les familles du pays, en rendant cette dignité héréditaire, paraîtrait, de prime-abord, la solution la plus équitable et la plus rationnelle; mais, en y réfléchissant, on jugera que cette mesure serait d'autant plus nuisible qu'elle irait contre le but qu'on se propose. En effet, quel que soit le mérite de la famille appelée au pouvoir, quelle que soit la considération dont elle jouisse dans le pays, le seul fait de cette élection serait de créer des partis, de faire naître des cabales, d'augmenter les divisions et de compromettre ainsi, dès le début, l'unité à laquelle on aspire. D'ailleurs, personne n'en ignore, la Russie a longtemps caressé ce projet avant celui d'imposer au pays l'un de ses grands-ducs. Si, aujourd'hui, ce n'est pas encore un danger, ce peut en être un plus tard, et il faut et le prévoir et le prévenir. L'hérédité du pouvoir, conférée à un prince d'Angleterre ou de France, de Belgique ou du Piémont, aurait donc l'avantage immédiat d'arracher brusquement le pays à l'influence russe et d'imposer silence aux mesquines passions des Phanariotes et des indigènes. Un tel prince, disent-ils, serait le lien solidaire entre le nouvel Etat et l'Europe; et ils prennent pour exemple la Belgique, dont la neutralisation est rendue plus respectable par les alliances du souverain. Enfin, ajoutent-ils, ce qui s'est fait contre la France pour la Belgique, dont pourtant le territoire est gaulois et la langue française, ne pourrait-il se faire au profit de l'Europe pour la Roumanie, dont la langue n'est pas russe, dont le territoire n'est pas allemand.

A notre avis, autant un peuple vivant de la vérité qu'il cherche et de la science qu'il fait peut se passer de la lisière monarchique, pour marcher d'un pas calme et sûr à la civilisation, par la voie lumineuse du progrès, autant peut-être, au contraire, un peuple qui ne vit que de la vérité qu'on lui montre et de la science qu'on lui offre en a-t-il besoin davantage. Sans en faire un axiôme d'harmonie sociale, il nous est permis du moins de le considérer comme une vérité relative en certains cas, comme une nécessité urgente en certaines circonstances. En effet, entourés de puissants voisins, sans cesse menacés et sans cesse en guerre, les Roumains, malgré leur esprit démocratique, ont toujours senti le besoin d'un chef du moins électif, sous quelque titre que ce soit, voïvod, hospodar ou domnou, c'est-à-dire, duc, seigneur, ou sieur. Il ne faut donc pas s'étonner si, lapidés et délapidés depuis cent quarante ans surtout, par des fermiers triennaux et septenaux, ils sentent aujourd'hui le besoin des garanties que, dans l'état des choses, l'hérédité semble devoir imprimer chez eux à la marche du progrès; et si, pour couper court aux rivalités funestes des ambitieux qui se disputent leurs dépouilles, ils demandent aujourd'hui un prince héréditaire, c'est qu'ils pensent qu'il faut à leur gouvernement une existence assez fortement assurée, non-seulement pour suffire à l'œuvre de réorganisation, basée sur les lois fondamentales, mais pour en exécuter incessamment la mise en œuvre et en garantir le développement par la durée; ils sentent qu'il leur faut une famille dont les intérêts et les sentiments se confondent avec les sentiments et les intérêts du corps politique tel qu'il est et qui, s'élevant au-dessus de toutes les ambitions, mette fin à tous ces fléaux de prévarication et de malversation, de spoliation et de vénalité dont, depuis cent quarante ans, ils sont les éternelles victimes. Il ne faut pas s'y méprendre, s'ils demandent un prince étranger, d'ailleurs élu par eux, sur une liste de candidats, présentés à leurs suffrages, c'est dans le seul espoir que la justice, la sévérité, la probité, l'intégrité, l'intelligence et le bon vouloir de son gouvernement suffiront à la réalisation des aspirations démocratiques de leur pays, à l'extinction des inégalités choquantes qui y blessent les cœurs les moins généreux, à l'anéantissement des castes féodales qui lui sont totalement hétérogènes, au développement de l'éducation nationale et patriotique, seule capable de le ramener au niveau de son origine, par la conservation de l'égalité civile et politique et de la hiérarchie administrative, afin que tous les Roumains, n'ayant plus qu'un même droit et une même loi, comme ils n'ont jamais eu qu'un même esprit et une même langue, il ne soit plus désormais, en Roumanie, qu'un prince et qu'un peuple, qu'un prince qui ne soit plus un pâtre, qu'un peuple qui ne soit plus un troupeau.

Cette unité de la Roumanie est une pensée qui a grandi à toutes les époques. Malgré la division des Principautés, gouvernées par des *domni* particuliers, cette unité s'est produite toutes les fois qu'il a fallu courir aux armes, pour protéger des alliés ou marcher à l'ennemi. Du quatorzième au dix-septième siècle, on a vu les Roumains s'unir pour courir au champ de bataille; on les a vus s'unir pour soutenir la Pologne, s'unir pour secourir Gustave de Suède, s'unir pour marcher sous les murs de Vienne, s'unir pour résister aux séductions du tczar Pierre, s'unir pour faire appel aux généreux sentiments de l'Angleterre et de la France, et, enfin, s'unir pour récupérer leurs princes indigènes, comme on les voit s'unir aujourd'hui pour appeler un étranger qui ne soit ni Turk, ni Grec, ni Slave, ni Allemand.

Les Roumains n'ont plus qu'une seule volonté, c'est de voir se reconstituer leur patrie, morcelée comme la Pologne, avant la Pologne, et à cause de la Pologne; trois fois punie elle-même, depuis 1772, pour avoir, en d'autre temps, agité trois fois aussi la question du partage de leur territoire; c'est de se voir réintégrés dans leur antique égalité, qui faisait de chacun d'eux un citoyen actif, et mettait ainsi le chrétien au niveau du musulman; c'est qu'il ne soit pas substitué d'autres castes aux castes anciennes; c'est qu'il ne leur soit imposé ni sénat, ni pairie, leurs *senes* ou vieillards étant trop joueurs pour ne pas faire de leur chambre des pairs une chambre de jeu, et y jouer, sans paire de cartes, à pair et impair, les destinées et les richesses du pays.

Assurément, ceux qui les mènent aujourd'hui sont tellement dans l'impossibilité de manifester la volonté du pays, qu'il serait même ridicule de les convoquer à statuer sur son avenir. Ambitieux, ils peuvent avoir pour eux l'expérience des intrigues, mais, rompus à la routine de l'iniquité et roués au système de la malversation, ils sont généralement peu doués du sens droit de l'homme de bien et de l'esprit initiateur de l'homme de génie. Gouverner n'ayant jamais été pour eux que mâter, réduire, dominer, démoraliser, asservir, outrager, humilier, spolier et tailler le peuple à merci et à miséricorde, il n'est rien à attendre d'eux pour le présent et pour l'avenir, et c'est sans eux et malgré eux qu'il faut tout réorganiser chez eux.

Assurément, il y a parmi eux des exceptions; il en est même de fort honorables, et nous ne confondrons pas l'ex-hospodar A. Ghika, délivrant les Sigans et les colonisant, avec B. Shtirbéiu, les vendant aux foires, où son grand-père vendait des chevaux; mais nous ne faisons point ici de personnalité, nous ne parlons que de l'esprit général des castes; nous le donnons non-seulement pour incapable, mais même pour dangereux au pays, et affirmons que de tous les vieux grands boïars il n'en est peut-être pas trois qui lui sacrifieraient volontiers les satisfactions de leur vanité.

Si donc, considérant que la position exceptionnelle faite à la Moldovalaquie, par l'occupation autrichienne et le maintien du *statu quo* russe, la met dans l'impossibilité de manifester librement aux cabinets de l'Occident ses desseins et ses vœux, et ne sert de garantie qu'aux intérêts privés de ceux qui s'y sont vus réintégrés; si, considérant que pour mieux s'assurer la jouissance des bénéfices de la paix, le gouvernement de ces provinces, séduit par l'Autriche, impose silence à quiconque, d'accord avec les magnanimes intentions de la France et de l'Angleterre, professe des sentiments plus rationnels pour un ordre de choses plus normal; si, considérant que, aussi obséquieuse envers l'Autriche, qui l'a réintégrée, qu'envers la Russie, qui l'a établie, l'administration de ces provinces aime trop à céder à celle de ces deux puissances qui tend à dominer la situation, pour ne pas paralyser de tout son pouvoir toute manifestation collective de leurs vœux d'être réunis sous un gouvernement fort, les cabinets de France et d'Angleterre, toujours animés, à leur égard, des mêmes sentiments de bienveillance et de générosité, tiennent réellement à se faire une idée exacte de l'état du pays et des besoins de ses habitants, nous les résumerons sans phrase ni discours, sans partialité, et avec la conscience que nous en atténuons plutôt que nous en exagérons la vérité.

Depuis plus d'un siècle, frappée de l'indifférence de la Porte, délaissée par les puissances de l'Occident, convoitée par l'Autriche et la Russie, en butte aux intrigues des Grecs du Phanar, en proie aux dissentiments des principales familles, qui, après s'en être longtemps disputé le viager, s'en disputent aujourd'hui l'hérédité ; périodiquement désolée par des invasions austro-russes, frappée par des firmans comme par des ukases, dépouillée chaque jour par ses gouvernants, malheureuse jusqu'à la misère, vassale jusqu'à la servitude, la Moldovalaquie n'a cependant jamais oublié les services qu'à plus d'une reprise lui ont rendus l'Angleterre et la France, et jamais non plus elle n'a manqué de tourner les yeux vers la France toutes les fois qu'elle a cru y voir apparaître son sauveur ; toujours plongée dans la même anarchie morale et politique, toujours gérée par des hommes qui n'y aspirent aux emplois que pour continuer de l'exploiter comme leur métairie, toujours gouvernée par des hospodars obligés à l'obséquiosité envers l'influence qui les domine ; frémissante encore d'horreur au souvenir de l'administration phanariote de 1717 à 1821, et encore toute palpitante des intrigues des familles qui se la jalousent ; sans foi dans l'impuissance de ses barbons d'une complète nullité, sans espoir dans la dignité de leur vasselage, sans garantie contre la malversation de leur administration, la Moldovalaquie se sent le besoin de tourner ses yeux, son cœur et son espérance vers la France et l'Angleterre, parce qu'elle leur sait le bras trop fort et l'intelligence trop haute pour ne pas vouloir la faire revivre de leur propre vie, de la vie des nations, et comprendre tout ce qu'il y aurait d'avantageux pour la paix de constituer des Carpathes au Danube et jusqu'à la mer Noire, une nation libre et assez fortement organisée pour lui servir de garantie contre les entreprises des Slaves du nord et des Allemands du sud, des Russes et des Autrichiens sur Constantinople.

Si, pour en venir là, un prince étranger ne pouvant, sans déroger, se soumettre à la suzeraineté de la Porte, il est cependant de toute nécessité de délier le nœud qui unit la Maldovalaquie à l'empire turk, la chose n'est pas aussi ardue qu'on le pense ; la Moldovalaquie n'étant ni musulmane comme l'Egypte, ni de la maison de paix comme toute province conquise, est conséquemment si peu partie intégrante de l'empire ottoman, que la Porte elle-même n'en a jamais considéré de prime-abord l'envahissement comme cas de guerre ; c'est ce qu'elle a prouvé récemment encore lors de l'entrée des Russes, le 2 juillet 1853.

Réduit ainsi à ses justes proportions, le vasselage de la Moldovalaquie n'est plus qu'une question de tribut, le tribut une question de rente, et la rente une question de remboursement.

Offrir son trône et le gouvernement de ses cinq millions d'âmes à un prince étranger de son choix, de race wallo-latine qui, pour son indépendance et celle du pays, effectuerait ce remboursement; tel est le vœu de tous ceux des Moldovalaques qui n'ambitionnent pas le pouvoir pour eux-mêmes et n'ont pas la présomption de se croire assez forts pour résister à la fois aux influences du dehors et aux intrigues du dedans.

Mais, dira-t-on, la Porte n'y pourra consentir; après avoir déjà perdu sa domination absolue sur l'Egypte et sur la Grèce, elle se fera naturellement un devoir de s'opposer, non-seulement à l'indépendance des Principautés, mais même à leur union avec un seul prince sans la suzeraineté; pour s'en garantir la domination, elle y réintégrera les Phanariotes, sans égard à la fidélité des Roumains et sans respect pour la mémoire du sultan Mahmoud; et elle se verra soutenue dans cette politique dominatrice et déloyale par la politique austro-russe; c'est effectivement ce que nous ne craignons que trop dans son propre intérêt et pour son honneur, car ce n'est point en sophiste que nous tenons à l'intégrité de l'empire ottoman, et nous sommes loin de vouloir que la paix ait un résultat contraire au but que s'est proposé [illegible]ue r re ; mais autant nous trouvons attentatoire à son intégrité l'érection de l'Egypte en une vice-royauté héréditaire, autant, au contraire, nous pensons que la constitution des Principautés en un Etat indépendant et neutre ne lui porte aucune atteinte. En effet, ces provinces, où pas un seul musulman n'habite, où il n'existe pas une seule mosquée, dont les habitants, en vertu de leurs anciennes capitulations, n'ont jamais été soumis au HARATCH, *même lorsque, pour leurs affaires, ils se trouvent sur les terres de l'empire*, n'en sont pas légalement partie intégrante, par cela même qu'au lieu d'être de la *maison de paix*, elles sont, au contraire, de la *maison de guerre*. C'est ce que doit reconnaître, sans la moindre hésitation, quiconque comprend tant soit peu le langage métaphorique de l'Orient. C'est ce que ne peut nier le Chéik-ul-islam lui-même, et c'est ce que nous affirmons dans notre amour de la vérité et comme celui dont il est écrit au sujet de notre ISLAM : « M. Vaillant est peut-être l'homme de France « qui aime le plus la Turkie ; il plaide sa cause « toutes les fois que l'occasion s'en pré- « sente (1). »

Cela est si vrai, que ni Réchid-Pacha, ni Fuad-Pacha, qui nous connaissent et nous estiment, n'en ont jamais douté. Cela est si vrai, que cette idée, que nous avions émise pour la première fois, il y a dix ans, n'avait pas trouvé une opposition sérieuse à la Porte ; que Ali-Pacha lui-même en avait compris la justesse ; que Méhémet Ali-Pacha

(1) Fauvety, *Revue philosophique et religieuse*, 1er septembre 1855.

en reconnaît encore aujourd'hui la justice, et qu'il suffirait d'en demander la réalisation pour l'obtenir ; car les hommes d'Etat de la Porte ne sont plus arrêtés que par cette considération « que s'ils cèdent aujourd'hui sur les Principautés, ils seront amenés à céder demain sur une autre province. »

Or, cela ne peut être; la paix à venir doit se consolider par un traité ; ce traité doit faire entrer la Turkie dans la république européenne ; et son entrée dans le concert social de l'Europe lui doit consacrer les limites qui lui appartiennent et les garantir contre toute agression. Ce que la Turkie eût pu craindre avant la guerre qui se fait, elle n'a donc plus à s'en inquiéter, et, tranquille sur tous les autres points, elle peut sans danger concéder aujourd'hui ce que peut-être il lui eût été imprudent de céder à une autre époque.

Sans doute, il conviendrait mieux à l'Autriche et à la Russie, qui se disputent cette nouvelle France, comme l'Assyrie et l'Egypte se disputaient la Judée, que le régime sous lequel elles ont placé et maintenu la Moldovalaquie fût respecté; que l'avenir, pour elle, ne fût pour ainsi dire que la continuation du passé ; qu'il n'y eût pas, entre ces deux temps, ce je ne sais quoi de tranchant qui fait ère et sert de base non à une dégénération complète, mais à une entière régénération ; car, fortes l'une et l'autre de leur influence de voisinage, et soutenues par la partie gangrenée de la boïarie, d'un côté, l'Autriche ne désespérerait pas de se saisir de ces provinces que la Russie a maladroitement laissé glisser de ses mains comme une anguille ; et, de l'autre, la Russie ne désespérerait pas de la lui reprendre par son action toujours croissante sur les Slaves du sud. Mais l'Angleterre et la France qui veulent la paix, qui, pour l'obtenir, font la guerre, qui, pour rendre la paix facile, doivent rendre difficile la guerre, qui veulent asseoir la paix sur des bases que la guerre ne puisse de longtemps ébranler, la France et l'Angleterre, disons-nous, qui, du point où elles sont, voient autre chose que l'intégrité de l'empire ottoman, l'intégrité de l'Europe menacée, aussi bien au nord qu'au sud, en Suède qu'en Turkie, en Finmark qu'en Moldovalaquie, doivent avoir compris que les quatre garanties ne sont pas suffisantes, que l'intégrité complète de la Suède ne leur importe pas moins que celle de la Turkie, que la flotte russe de la Baltique ne les gêne pas moins que celle de la mer Noire, que les établissements russes ne les menacent pas moins en Finmark qu'en Crimée, que le *statu quo* n'est pas moins inique en Finlande qu'en Moldovalaquie, que ce que la Russie ne pourra plus faire par le sud, elle le tentera par le nord ; que ce qu'elle ne pourra plus faire par l'un de ces deux points, elle l'essaiera par le centre, en accordant quelques immunités en leurre à la Pologne ; et, l'ayant compris, elles sentiront qu'il n'est point de garantie au maintien et à la durée de la paix sans l'intégrité complète de la Suède et de la Turkie, sans la réduction des forces russes dans la Baltique et dans la mer Noire, sans la réintégration complète de la Pologne et sans l'érection d'un Etat latin indépendant et neutre dans la vallée du Danube.

Dès le début de la question, nous avons applaudi au langage et à la conduite à la fois dignes et logiques de M. Drouyn de Lhuys, à l'habileté du choix qui, en ces circonstances, a envoyé à Vienne notre ancien ambassadeur à Constantinople, M. de Bourqueney ; à l'attitude ferme et résolue de M. de Walewsky ; à la juste appréciation des motifs réels de la guerre de M. Labouchère, à la prévoyante perspicacité de lord Clarendon, à la constante libéralité de lord Palmerston, à la prudente ténacité de lord Redkliff, à l'entente admirable et pleine d'espérances des ministres de la France et de l'Angleterre, à l'adhésion loyale et spontanée de la Sardaigne, aux paroles consolantes qui, en promettant aux Moldovalaques « une constitu-« tion propre à leur servir de rempart contre les « invasions sans cesse renaissantes du Nord, » leur sont une garantie *contre les intrigues sans cesse agis-*

santes des Phanariotes; et nous aimons à témoigner de notre reconnaissance vive et profonde pour tout ce qui s'est dit et fait jusqu'ici de bienveillant, d'opportun, d'heureux; pendant l'action, nous avons admiré les hauts faits des troupes ottomanes sur le Danube, les exploits de leurs trois alliés en Crimée; nous avons couvert des mêmes lauriers les vainqueurs de Calafat et de l'Alma, de Cétaté et d'Inkerman, de Georgéo et de la Tchernaïa; nous avons acclamé avec joie la chute de Sévastopol, sous le génie du général Pélissier; nous avons salué à son retour l'intrépide général Bosquet, et nous saluons d'ici le brave maréchal Omer-Pacha, tous deux trois fois vainqueurs; nous leur savons gré, à ces héroïques militants de la civilisation, d'avoir rivalisé de courage et de dévouement pour le triomphe de la justice, et nous confessons que tous, généraux et soldats; Turks, Sardes, Anglais, Français, ont également fait leur devoir et mérité un droit égal à l'admiration et à la reconnaissance de l'avenir.

Pour le moment, il ne nous reste à désirer qu'une seule chose : c'est que tant d'amour de la justice, tant de sollicitude pour les libertés publiques, tant de bienveillance et de dévouement, tant de sang et d'or n'aient pas été prodigués en pure perte. C'est pourquoi, témoin de l'action délétère des protectorats russes, nous adjurons les vrais diplomates, princes de la science et soldats dévoués de la paix, de rivaliser entre eux de droiture et d'équité, afin de faire rentrer chaque gouvernement dans la limite de son peuple, et chaque peuple dans la possession de son lit; afin que, *toute conquête et toute cession territoriales d'un gouvernement sur un autre et d'un peuple à un autre, étant déclarées désormais contraires au droit des gens et des nations*, la guerre cesse d'être la maladie chronique de l'Europe et que la paix qui, tôt ou tard, doit surgir, soit mieux assise sur cette base que la paix même de Westphalie.

A ces conditions qui, en enlevant à jamais à la Russie tout droit d'ingérence dominatrice dans les affaires de l'Europe, lui rendent la guerre impossible, oui : l'empire, c'est la paix, si la paix est l'empire de la justice; autrement, c'est la guerre, la guerre de la civilisation contre la barbarie; oui, la guerre que la justice de l'empire doit poursuivre jusqu'au parfait établissement de l'empire de la paix.

Sommes-nous Cassandre, nous ne serons pas cru, et la paix est faite au profit de la barbarie et du despotisme austro-russes; sommes-nous Calchas, on nous croira, et la guerre continue pour le triomphe de la civilisation et des libertés européennes.

31 décembre 1855.

Trève, — Congrès, — Paix!

Disons-le, toutefois, nous serions trop heureux de n'être ni Cassandre ni Calchas si, contre nos prévisions, la paix, annoncée au bruit de la trompette, pouvait obtenir le résultat que cherche la guerre, la reconstitution, au nord, au centre et au sud, en Suède, en Pologne et en Turkie, de l'équilibre européen rompu depuis 1772 par l'ambition austro-russe. Mais nous ne croyons pas que l'Angleterre et la France doivent se tenir tellement honorées de l'adhésion du tczar à la paix, qu'elles aient l'air de s'être mises à ses genoux pour l'obtenir; car cette adhésion doit être plutôt une nécessité pour la Russie qu'une concession bienveillante du tczar aux puissances neutres. L'Angleterre et la France doivent comprendre qu'avant l'avènement du tczar Pierre, l'Europe n'ayant jamais senti la nécessité, pour son équilibre, d'une influence et d'une autorité moscovites, il n'est nul besoin de laisser désormais aux tczars, dans les conseils de l'Europe, cette influence et cette autorité qu'ils s'y sont arrogées depuis que, au détriment de la Pologne et au grand regret de la Turkie, la France leur a reconnu le titre d'empereur.

Si la guerre n'avait eu pour but que d'arrêter les envahissements de la Russie, l'Angleterre et la France n'auraient pas eu besoin de s'unir; l'une des deux eût suffi. Le but de leur alliance a donc été autre chose que de la combattre pour l'arrêter, et ce but a été, quoiqu'on en dise par esprit de conciliation, de l'humilier et de l'amoindrir en l'obligeant de restituer à l'Europe tout ce qu'elle lui a usurpé depuis 1772. Qu'il y ait honneur ou déshonneur pour elle, là n'est pas la question. C'est un fait dont elle se consolera tant bien que mal, comme l'Angleterre et la France se sont consolées de s'être humiliées et amoindries l'une et l'autre, l'une par la perte des Etats-Unis, l'autre par la perte de ses conquêtes de la République et de l'Empire.

Le mercantilisme n'est nullement apte à se poser en arbitre de la paix et de la guerre, et son opinion n'est pas pour nous l'opinion publique; ce n'est pas pour lui seul qu'elles se font, l'une ou l'autre; c'est aussi pour la sécurité générale et le progrès moral de la civilisation. L'Angleterre et la France doivent donc, avant tout, donner satisfaction aux aspirations libérales des peuples, aux besoins vitaux des nationalités, sans l'avènement desquelles les débouchés commerciaux sont sans entrées ni issues.

La destruction de la flotte russe et la prise de Sévastopol ne sont pas suffisantes pour faire renoncer la Russie à sa prétention de dominer le monde; on lui en a trop et trop longtemps inspiré l'orgueil pour qu'elle n'en demeure pas infatuée tant qu'on ne l'aura pas atterrée par des victoires plus décisives que celles d'Alma et d'Inkerman, tant qu'on ne l'aura pas forcée à demander d'elle-même la paix. Il ne s'agit donc pas ici de ménager sa dignité, il s'agit de sauver celle de l'Europe; car si la barbarie nous inquiète, nous nous en inquiétons moins que de la civilisation, et, dans notre appréhension d'une paix prématurée, nous craignons qu'elle ne profite moins à l'Europe qu'à la Russie et à l'Autriche.

Ce serait une grave erreur que de croire avoir atteint le but matériel que se proposait la guerre. Le tour admirable des alliés, prenant d'assaut, sans l'investir, une des plus fortes places du monde, n'est pas le but final de la guerre, il ne peut être qu'un échantillon de ce dont sont capables le courage et la science, l'intelligence et le génie de l'Occident. Ce merveilleux haut fait ne peut donner la paix que promettait la guerre ; et ce n'est que lorsque le but moral sera atteint que cette paix se pourra conclure, parce que, au lieu de l'accepter, les alliés l'imposeront ; et parce que, au lieu d'en faire une concession à l'Europe, la Russie s'en fera à elle-même une nécessité.

C'est pour en venir là qu'il a été dit : « Si l'Eu-

« rope se décide à déclarer qui a tort ou qui a « raison, ce sera un grand pas vers la solu- « tion. »

Mais jusqu'ici l'*opinion publique, qui remporte toujours la dernière victoire*, ne s'est encore prononcée que sur les torts de la Russie; il faut donc que la Russie soit vaincue pour que l'opinion publique soit appelée à se prononcer sur les bases de la paix à venir.

Or, ce n'est pas dans un congrès, plutôt semblable à celui de Vérone qu'à celui de Vienne, que la Russie peut s'avouer vaincue. Loin de là; c'est là qu'elle développera, au contraire, toute l'activité de sa diplomatie macédonienne, et les puissances neutres ne l'y attirent et son plénipotentiaire n'y arrive le premier, que pour lui épargner la honte d'un aveu et lui rendre toute sa liberté d'influence.

Qu'on y songe! ce serait préconiser la duplicité et la barbarie, et blasphêmer contre la sincérité de la civilisation, que d'attribuer aux tczars, à l'égard de Constantinople, la pensée sainte et généreuse qui conduisait Louis de France, Richard d'Angleterre et Léopold d'Autriche, au tombeau du Christ; les vues du tczar Pierre, sur Constantinople, n'ont pas été autres que celles de la tczarine Elisabeth sur la Finlande; autres que celles de la tczarine Catherine sur la Crimée; autres que celles du tzar Alexandre sur la Suède et sur la Pologne; autres que celles du tczar Nicolas sur la Moldovalaquie et l'empire turk; la conquête d'abord, l'incorporation ensuite, et, enfin, la dénationalisation de tous les peuples à notre Orient, du nord au sud.

C'est pourquoi nous affirmons que les vrais intérêts de l'Europe ne sauraient être opportunément réglés dans un congrès, que lorsque la Russie, de gré ou de force, s'y soumettra, comme la France, en 1815, à toute condition nécessaire au maintien de la paix.

FIN

TABLE DES QUESTIONS.

www.ingramcontent.com/pod-product-compliance
Ingram Content Group UK Ltd.
Pitfield, Milton Keynes, MK11 3LW, UK
UKHW020334230726
13925UKWH00002B/784

9 782016 195406